白话全本史记

卷四·诸侯纷争

司马迁 著

青少年彩绘版

长江出版传媒 | 长江文艺出版社

总 策 划：金丽红　黎　波

主　　编：黄晓新　程三国　王赛男

绘画作者：童介眉　韩亚洲　刘永凯　徐开云　熊孔成
张南峰　郭小凌　赵希玮　邓邦源　陈小强
王师颉　王惠祥　刘志伟　周　禾　赵　青
王树立　孙　龄　闫　斌　刘毅红　刘　炬
许明康　王时旺　陈昌柱　白云浩　白　明
兰　紫　张国荣　安洪民　刘　洁　刘　忠
杨　云　崔君旺　梁战岩　张　清

译　　者：戈　力　梦　君

责任编辑：王赛男　张雅琴

助理编辑：王枫婕

北京长江新世纪文化传媒有限公司
www.cjxinshiji.com
出品

扫码观看名师讲解
《史记》高考篇目

目　录

史记卷三十一

吴太伯世家

扫描二维码
阅读本篇原文

吴太伯　寿梦　诸樊　季札　吴王僚　伍子胥　阖庐
伯嚭　夫差

吴太伯[1]和弟弟仲雍[2]都是周太王古公亶父的儿子，周王季历的哥哥，季历贤德，并且有一个具备圣德的儿子姬昌，太王想立季历为太子，以便传位给姬昌，于是太伯、仲雍二人就逃到荆蛮[3]，文身断发，表明他们不能当国君，以此避让季历。季历果然继位，这就是王季，而姬昌就是文王。太伯逃到荆蛮，自称为“句吴”。荆蛮人认为太伯有信义，跟从归依他的有千余家，拥立他为吴太伯。

太伯去世后，没有儿子，弟弟仲雍继位，这就是吴仲雍。仲雍去世，儿子季简继位。季简去世，儿子叔达继位。叔达去世，儿子周章继位。这时周武王战胜了殷，寻找太伯、仲雍的后代，找到周章。周章已经做了吴的君主，因而把吴封给了周章。又把周的都城北面的从前的夏墟[4]封给周章的弟弟虞仲，建立虞国，位列在诸侯中。

周章去世，儿子熊遂继位。熊遂去世，儿子柯相继位。柯相去世，儿子彊鸠夷继位。彊鸠夷去世，儿子馀桥疑吾继

---

① 吴太伯：周太王的长子，故称“伯”，周武王时追封为“吴太伯”，故“伯”也是爵位。
② 仲雍：也称“虞仲”。
③ 荆蛮：周人对楚国的蔑称。
④ 夏墟：夏朝故都所在地。

位。馀桥疑吾去世，儿子柯卢继位。柯卢去世，儿子周繇继位。周繇去世，儿子屈羽继位。屈羽去世，儿子夷吾继位。夷吾去世，儿子禽处继位。禽处去世，儿子转继位。转去世，儿子颇高继位。颇高去世，儿子句卑继位。这时晋献公灭掉了周的北面的虞公，以打通晋国讨伐虢国的道路。句卑去世，儿子去齐继位。去齐去世，儿子寿梦继位。寿梦即位后，吴开始日益强大，自称为王。

自太伯建立吴开始，经历五代后武王灭了殷商，封他的后代为两国：其一虞国，在中原地区；其二吴国，在蛮夷地区。又经历十二代后，晋灭掉了中原的虞。中原的虞被灭后经过两代，蛮夷地区的吴兴起。从太伯到寿梦共有十九代。

吴王寿梦二年（公元前 584 年），楚国的流亡大夫申公巫臣因怨恨楚将子反逃到晋国，又从晋国出使吴国，教吴国人用兵和驾驶战车，让他的儿子做了吴国的行人。吴国在这时开始与中原地区沟通。吴国征伐楚国，吴王寿梦十六年（公元前 570 年），楚共王讨伐吴国，到达衡山。

二十五年（公元前 561 年），寿梦去世。他有四个儿子，长子叫诸樊，次子叫馀祭，三子叫馀昧，四子叫季札。季札贤德，寿梦想立他为王，季札谦让地认为不适宜，因此就立了长子诸樊，代寿梦处理政事执掌国家政权。【1】

吴王诸樊元年（公元前 560 年），诸樊服完丧后，想让位给季札。季札辞谢说："曹宣公①死时，诸侯和曹国人认

---

① 曹宣公：名强，姬姓。公元前 594 年—公元前 578 年在位。曹：公元前十一世纪立国，开国国君为周武王弟弟振铎，定都陶丘。公元前 487 年为宋所灭。

为曹君①不义，准备拥立子臧，子臧离开曹国，以成全曹君。君子说子臧‘能够保持节操’。您是合法继承人，谁敢冒犯您！享有国家，这不是我的志向。我虽然没有才能，愿意和子臧一样恪守节操。”吴国人坚决要立季札，季札抛弃家室去耕种，吴才放弃拥立季札。秋天，吴国讨伐楚国，楚国打败了吴的

① 曹君：指曹成公，公元前577年—公元前555年在位，为曹宣公庶子，宣公去世，成公杀太子自立。

【2】

军队。四年（公元前 557 年），晋平公继位。

十三年（公元前 548 年），吴王诸樊去世，有遗嘱传位给弟弟馀祭，想依次在兄弟中传位，一定要把国家传给季札为止，以满足先王寿梦的遗愿，嘉勉季札的信义，希望兄弟们都能执政并命令依次传位，使得渐次轮到季札。季札封在延陵，因此被称为“延陵季子”。

吴王馀祭三年（公元前 545 年），齐相庆封有罪，从齐国来投奔吴国。吴国把朱方县给庆封，作为他的俸邑，还把女儿嫁给了他，庆封比在齐国时还要富裕。

四年（公元前 544 年），吴国派季札访问鲁国。季札请求观赏周的音乐。鲁国的乐师为他演唱《周南》《召南》。【2】他说，“真美啊，这大概表现的是周刚刚奠定王业的基础，但还未创立丰功伟绩。可是歌曲里表现了周人虽然勤苦，但没有怨愤。”演唱《邶（bèi）风》《鄘（yōng）风》《卫风》，他说：“真美啊，音调深沉，情绪忧伤却不困顿。我听说卫康叔、卫武公的德行就像这样，这大概是卫国的歌曲吧？”演唱《王风》，他说：“真美啊，多思多虑却不畏惧，大概是周东迁以后的乐曲吧？”演唱《郑风》，季札说：“乐曲细弱太过分了，说明百姓不能忍受，郑国大概要最先灭亡了。”演唱《齐风》，他说：“美极了，乐曲舒缓深沉有大和之气，东海的表率，这大概就是太公的国家吧？国家的前途不可限量。”演唱《豳（bīn）风》，他说：“真美啊，全然无忧，快乐却不过分，这大概是表现周公东征[1]的乐曲吧！”歌唱《秦风》，他说：“这就是华夏音乐。能够采用夏乐就能气魄宏大，宏大至极了，这大概是周的故地[2]的音乐吧？”歌唱《魏风》，他说：“真美啊，乐曲中正平和，宏大而又婉约，简约而易行，若以德行来辅助行动，这就是贤明的君主啊。”歌唱《唐风》，他说：“乐曲思虑深沉，大概有陶唐氏的遗风吧？不是这样的话，为什么忧思这么深远呢？如果不是美德的仁君的后裔，谁能像

---

① 周公东征：西周初年，管叔、蔡叔叛乱，周公东征，平定叛乱。

② 周的故地：秦襄公护送周平王东迁，立下功劳，平王把周的旧地赐给他，所以称秦地为周的故地。

这样？”歌唱《陈风》，他说：“国家没有君主，怎么能够长久呢？”自《郐（kuài）风》以下[1]，季札就不评论了。演唱《小雅》，季札说：“真美啊，思念文王、武王的德政，忠贞不贰，怨苦却不申诉，大概周朝的德行已经衰微了吧？还有先王的遗民在啊！”歌唱《大雅》，他说：“真宽广啊，和乐声熙熙盈耳，抑扬顿挫而又刚健劲直，这大概表现的是文王的德

① 自《郐风》以下：今比喻愈往下愈差，不值一谈。

行吧？”歌唱《颂》，季札说：“登峰造极了，正直却不倨傲，委婉却不屈服，亲近却不逼迫，疏远却不离心，迁徙新地却不过分享乐；施德行善，反复却不厌倦，哀思却不愁苦，欢乐却不荒唐；道德宏大，施用却不匮乏；德行恩泽广布天下却不自显，施恩给百姓却不耗费，求取却不贪婪，宁静无为却不停滞，灵活运转却不流荡。五声和谐，八风协调，节奏有法度，旋律有规则，这些都是盛德的君主所共同的。”【3】季札看到跳《象箾（xiāo）》《南籥（yuè）》舞时，说：“真美啊，不过还有遗憾。”观赏《大武》舞，他说：“真美啊，周的兴盛大概像这样吧？”看到跳《韶濩（hù）》舞说：“圣人的道德恢弘，却总感到不足，做圣人真是太难了！”看到跳《大夏》舞说：“真美啊，勤勉而且德行伟大，不是大禹谁能做到呢？”看到跳《招箾》舞，说：“道德已到了极致，真伟大啊，像天一样覆盖一切，像地一样承载一切，即使再伟大的德行，也不可能超越了！观赏到此为止吧，即使有别的音乐，我也不敢观赏了。”①

季札离开鲁国，因而出使齐国，他劝说齐相晏婴：“您赶快交还封邑和权位。没有封邑和权位，才能幸免于祸难。齐国的国政将有归属的地方，没有得到归属的地方，齐国的灾难不会停息。”因此晏子通过陈桓子交还了权位、封邑。因此，晏子在栾氏、高氏作乱时幸免于难。

季札离开齐国，访问郑国。他拜见子产②，一见如故。他

① 周王室所用的音乐，除口述四代音乐之外，还有尧帝时的《咸池》，黄帝时的《云门》，鲁国低周二等，只能用四代，另外两个舞乐不能表演，季札知道这种规矩，所以说即使有别的音乐也不敢观赏。

② 子产（？—公元前522年）：即公孙侨，郑国的贵族。郑简公时为卿，积极施行善政，是有名的贤相。

对子产说：“郑国的执政者奢侈，灾难将要来了，政权必定到您手上。您执政要谨慎遵循礼制。若不这样，郑国将衰败。”季札离开郑国，到了卫国，他对蘧瑗（qú yuàn）、史狗、史鳍（qiū）、公子荆、公叔发、公子朝说：“卫国君子很多，没有祸患。”

季札从卫国到晋国，准备在戚地住下，听到钟鸣声，他说：“奇怪啊！我听说，有辩才没有德行，一定会受到刑罚惩处，您得罪了国君待在这里，害怕还不够，哪里还可以作乐呢？先生在这里，就像燕子把巢筑在帐幕上，随时可能因为撤帐而覆巢毁卵。国君的灵柩还没有安葬，可以作乐吗？”于是离开了戚地。孙文子①听说后，一辈子不再听琴瑟。

到了晋国，他对赵文子、韩宣子、魏献子②很欣赏，说：“晋国的政权大概要集中在三家了。”季札将要离开，对太傅羊舌肸（xī）说：“先生您勉力吧。国君奢侈，大夫都很富有，晋国的政权将要落在三家手中了，您正直，一定要考虑保全自己，免于祸患。”

季札最初出使时，在城北拜见了徐君。徐君喜欢季札的宝剑，不好意思说出口。季札心里知道，因为要出使上等的国家，没有赠出宝剑。季札回来到了徐国，徐君已死，季札就解下他的宝剑，挂在徐君墓旁的树上离开了。随从问：“徐君已经死了，您还把剑留给谁呢？”季札说：“不是这样，当初我心里已经许诺赠剑给徐君，怎么可以因为徐君死去而

---

① 孙文子：即孙林父，卫大夫，曾以武力赶走卫献公，十二年后又请求晋国帮助卫献公回国复位。

② 赵文子、韩宣子、魏献子：即赵武、韩起、魏仲舒，三人都是晋国的大臣。

违背我的心愿呢？”【4】

徐祭七年（应为馀眛三年，公元前 541 年），楚国公子围杀掉了楚王郏敖代立为王，这就是楚灵王。十年（应为馀眛六年，公元前 538 年），楚灵王会合诸侯讨伐吴国的朱方，诛杀齐国的庆封。吴国也攻打楚国，夺走了三个城邑。十一年（应为馀眛七年，公元前 537 年），楚国讨伐吴国，打到了雩（yú）娄。十二年（应为馀眛三年，公元前 536 年），楚国又来征讨，驻军于乾谿（xī），楚军失败逃跑了。

十七年（应为馀眛十三年，公元前531年），吴王馀祭去世[①]，弟弟馀眛登位。吴王馀眛二年（应为馀眛十五年，公元前529年），楚公子弃疾杀害楚灵王，自立为王。

四年（应为馀眛十七年，公元前527年），吴王馀眛去世，他死前想传位给弟弟季札，季札推让，逃走了。因此吴国人说："先王有命令，兄长去世弟弟继位为王，一定要传位给季子。季子现在逃避王位，那就让馀眛的后代登位吧。现在馀眛去世，他的儿子应该代立为王。"因此立馀眛的儿子僚为吴王。

吴王僚二年（公元前525年），公子光讨伐楚国，兵败丢掉了吴王馀眛的船，公子光害怕，袭击楚国，又得到了吴王的船，回到吴国。

五年（公元前522年），楚国流亡的臣子伍子胥来投奔，公子光把伍子胥当作客人。公子光是吴王诸樊的儿子，常认为："我父亲兄弟四人，应该传位给季子，季子如果不接受王位，我的父亲先登位，如果不传位给季子，我应当登位。"他暗中结纳贤士，想用他们袭击吴王僚。

八年（公元前519年），吴国派公子光攻打楚国，打败了楚军，把楚国前太子建的母亲，从居巢接了回来，乘势北伐，打败了陈国、蔡国的军队。九年（公元前518年），公子光征讨楚国，攻下了居巢、钟离。当初，楚国边邑卑梁氏的少女与吴国边邑的少女争采桑叶，两家动怒，互相攻打。两国的边邑长官听说后，也发怒互相攻打。【5】灭了吴的边邑。

---

① 此事应发生在公元前544年。

吴王发怒，因此就讨伐楚国，夺取了两个城邑离开了。

伍子胥刚投奔吴时，用攻打楚国的好处来游说吴王僚。公子光说：“伍子胥的父亲和兄长在楚国被杀害，他想报自己的私仇罢了，没有看到什么好处。”因此，伍子胥知道公子光别有用心。于是找到勇士专诸，让他拜见公子光。公子光高兴了，就把伍子胥当作客人。伍子胥退隐在郊野耕种，以等待专诸刺杀吴王僚。

吴王僚十二年（公元前515年）冬天，楚平王去世。十三年（公元前514年）春天，吴国想乘楚国有丧事讨伐它，派公子盖馀、烛庸带兵包围了楚国的六邑和潜邑，派季札出使晋国观察诸侯的强弱。楚国调兵断了吴军的后路，吴军不能回去。这时公子光说："这个时机不能错过。"告诉专诸说："此时不索取什么时候能得到呢！我是真正的继承人，应当登位，我想得到王位。季子即使回来，也不能废黜我。"专诸说："吴王僚可以杀了。吴王母亲衰老，儿子幼弱，两位公子攻打楚国，楚军断了他们的归路。现在，吴国在外被楚国困住了，在内没有骨鲠之臣[①]，这样没办法把我怎么样。”公子光说：“我的性命就是先生的性命。”四月丙子日，公子光把穿甲的兵士埋伏在地下室里，邀请吴王僚饮酒。吴王僚让士兵们列在道路两旁，从王宫到公子光的家，大门、台阶、内门、座席，都是吴王僚的亲信，都手持利剑守卫着。【6】公子光假装脚疼，进到地下室里去了，让专诸把匕首放到烤熟的鱼腹中，来进献食物。专诸拿出匕首刺杀吴王僚，吴王僚的亲兵也用小刀刺进了专诸的胸中。于是吴王僚被杀死了。公子光终于取代吴王僚为王，这就是吴王阖庐。阖庐因而用专诸的儿子做卿[②]。

季子回来，说：“如果先王的祭祀不断绝，人们不至于没有君主，社稷有人奉祀，那就是我的君主。我敢怨恨谁呢？哀悼死去的君主，侍奉活着的君主，以此来等待天命。祸乱并非因我而起，服从在位的君主，这是先人的规矩。”季子在吴王僚墓前哭泣，回复使命。然后回到自己的本位上等待新君的命令。吴国的公子盖馀、烛庸二人领兵在外被楚国的军队包围，听说公子光杀害了吴王僚自立为王，就率部投降了楚国，楚国把舒邑封给了他们。

吴王阖庐元年（公元前514年），任用伍子胥为行人，与他共商国家大事。楚国杀了伯州犁，他的孙子伯嚭（pǐ）[③]

---

① 骨鲠之臣：刚直的大臣。“骨鲠”又作“骨梗”“骨骾”，比喻刚直。

② 卿：古代天子、诸侯所属的高级官员，地位在大夫之上。

③ 伯嚭：吴大臣，字子馀，楚国太宰伯州犁的孙子，出逃到吴，因功任太宰，为人贪婪好利，谗害伍子胥，吴亡后，为越王勾践所杀。

逃到吴国，吴国任用他做了大夫。

吴王阖庐三年（公元前512年），阖庐与伍子胥、伯嚭领兵攻打楚国，攻下了舒邑，杀掉了吴国的两个流亡的将军。吴王想攻入郢都，吴国将军孙武[①]说："现在百姓太劳苦，不行，等待时机吧。"四年（公元前511年），攻打楚国，

---

① 孙武：原为齐国人，此时任吴将，著有《孙子》十三篇，是我国古代杰出的兵书。事详见《孙子吴起列传》。

夺取了六邑和潜邑。五年（公元前 510 年），攻打越国，打败了它。六年（公元前 509 年），楚国派子常囊瓦讨伐吴国，吴军迎战，在豫章大败楚国的军队，夺取了楚国的居巢而回。

九年（公元前 506 年），吴王阖庐问伍子胥、孙武："当初你们都说郢都不可以攻打，现在的情况如何？"二人说："楚国的将军子常贪婪，唐国、蔡国都怨恨他。大王一定要大举进攻楚国，一定要得到唐国、蔡国的援助才可以。"阖庐听从了。调动了全国的军队，与唐、蔡一起西进讨伐楚国，到达汉江。楚国也调集军队抵抗吴军，隔着汉水摆下阵势。【7】阖庐的弟弟夫概想进攻，阖庐不允许。夫概说："大王把军队交给我，军队以捕捉有利战机为上，还等待什么呢！"于是带领部属五千人袭击楚军，楚军大败，逃走了。吴王因此发兵追击，等到了郢都，交战五次，楚军败了五次，楚昭王逃出了郢都，逃奔到郧（yún），郧公的弟弟想杀昭王，昭王和郧公一起逃奔到随。吴军就进占了郢都，伍子胥、伯嚭把楚平王从坟墓中掘出来鞭尸，以报父仇。

十年（公元前 505 年），春天，越国听说吴王在楚国的郢都，国内空虚，就进攻吴国。吴国另派军队攻打越国。楚国向秦国告急求援，秦国发兵救援楚国，攻打吴军，吴军失败了。阖庐的弟弟夫概见秦国、越国都打败了吴国，而吴王留在楚国不走，就逃回吴国自立为吴王。阖庐听说后，就领兵回来，攻打夫概，夫概兵败逃到楚国，楚昭王因此得以在九月又回到了郢都，并把堂谿封给夫概，这就是堂谿氏。十一年（公元前 504 年），吴王派太子夫差攻打楚国，夺取了番地，楚王害怕就离开了郢都，把都城迁到了鄀（ruò）。

十五年（公元前 500 年），孔子在鲁国代理相。

十九年（公元前 496 年）夏天，吴国讨伐越国，越王勾践在槜（zuì）李迎击吴军。越国派敢死队员挑战，排成三行到了吴军阵前，大声喊叫，自杀了。吴军在观看这种场面时，越军乘机进攻吴军，在姑苏打败了吴军。吴王阖庐的大脚趾受了伤。吴军后退了七里。吴王伤势发作去世了。【8】阖庐让太子夫差为王，对他说："你能忘记勾践杀死你的父亲吗？"

夫差回答说："不敢。"到了第三年，他就向越国报仇。

吴王夫差元年（公元前 495 年），任用大夫伯嚭做太宰[①]。吴军练习作战，射击。夫差常以向越国报父仇作为志向。二年（公元前 494 年），吴王征集了全部精兵来讨伐越国，在夫椒打败了越军，报了吴军在姑苏兵败的仇。越王勾践仅带着五千甲兵屯驻在会稽山，派大夫文种通过吴国太宰伯嚭求和，表示愿意离开越国做吴王的奴仆。吴王准备答应。伍子胥劝谏说："从前，有过氏杀了斟灌来讨伐斟寻，灭掉了夏王帝相，帝相的妃子后缗（mín）正怀孕，她逃到了有仍氏那里，生下了少康，少康做了有仍氏的牧正[②]。有过氏又想杀死少康，少康逃到有虞氏。有虞氏怀念夏朝的恩德，因此把两个女儿嫁给他，又把纶邑封给他。少康氏有了方圆十里的土地，五百人口，后来他招收夏的民众，恢复了夏朝从前的官职、法典，派人迷惑有过氏，后来就灭掉了它。恢复了夏禹的业绩，祭祀夏的祖先，以禹配享天神，夏的旧有事物都没有遗失。现在，吴国不如从前的有过氏那样强大，而勾践又要比少康氏的力量大。如果不乘现在灭掉越，又打算宽恕它，将来不也很难办吗？而且勾践为人能吃苦耐劳，现在不灭他，将来一定要后悔的。"吴王不听伍子胥的劝谏，听信了太宰伯嚭的言论，最终答应了同越国讲和，与越国立下盟约，撤兵离开了。

七年（公元前 489 年），吴王夫差听说齐景公死了而大臣们争权，新立的国君幼小，就发兵北伐齐国。伍子胥劝谏说："越王勾践吃饭不吃两样菜肴，穿衣不穿两种颜色，悼念死

---

① 太宰：官名，也名冢宰，类似后代的宰相。

② 牧正：官名，掌管畜牧。

去的人，慰问生病的人。这是想要用兵报仇。这个人不死，一定会成为吴国的祸患。现在越国成为心腹之患，大王不先对付，而去攻打齐国，这未免太荒谬了！”吴王不听劝谏，于是北伐齐国，在艾陵打败了齐军，到了缯邑，吴王召来鲁哀公，征用猪、牛、羊一百套。季康子[1]派子贡用周朝的礼制游说太宰伯嚭，才算作罢。因而吴王留下来在齐、鲁的南

① 季康子：鲁国的公族，鲁桓公的后代，为鲁的执政大臣。

边掠取土地。九年（公元前 487 年），吴国替驺国讨伐鲁国。到了鲁国，与鲁国结盟才离开。十年（公元前 486 年），吴军乘势讨伐齐国回来。十一年（公元前 485 年），又北伐齐国。

越王勾践率领他的部下来朝拜吴王，送来丰厚的礼物，吴王高兴了。只有伍子胥担忧，说："这是要毁弃吴国啊！"【9】他对吴王说："越国是心腹之患，现在吴国在齐国得志，这就像得到一块石田，没有什么用处。况且《盘庚之诰》中说：'坏东西不要留下残余，商朝就是因此兴起的。'"吴王不听劝谏，派伍子胥出使齐国，伍子胥把儿子托付给齐国的鲍息，然后才回来向吴王复命。吴王听说后，大发雷霆，赐给伍子胥属镂剑让他自杀。临死，伍子胥说："在我的墓上种上梓树，让它能做棺材，把我的眼睛抠下来，放在吴的东门上，我要看到越国灭掉吴国。"

齐国的鲍氏杀害了齐悼公。吴王听说后，在军门外哭了三天，就从海上出兵攻打齐国，齐军打败了吴军，吴王于是带兵回国。

十三年（公元前 483 年），吴王召鲁、卫的国君在橐（tuó）皋会盟。

十四年（公元前 482 年）春天，吴王北上，在黄池会见诸侯，想称霸中原保全周王室。六月丙子日，越王勾践讨伐吴国。乙酉日，越军五千人与吴军交战。丙戌日，越国俘虏了吴国的太子友。丁亥日，越军进入吴国。吴国人向夫差报告失败的消息，夫差不愿意让诸侯们知道这个事情。可是有人走漏了风声，吴王发怒，在帐幕下杀了七个人。七月辛丑日，吴王与晋定公争做霸主。吴王说："在周的宗室中，我最大。"

晋定公说："在姬姓诸侯中，只有晋当过霸主。"晋国大夫赵鞅发怒，准备攻打吴国，因此吴王只能以晋定公为盟主。吴王订立了盟约，与晋定公告别，想攻打宋国。太宰伯嚭说："现在可以战胜宋，但不能占有它。"于是领兵回到了吴国。吴国失去了太子，国内空虚，吴王在外许久，士兵疲劳，这时就派人用重金向越求和。

十五年（公元前 481 年），齐国的田常杀掉了齐简公。

十八年（公元前 478 年），越国更强大了，越王勾践率兵在笠泽打败了吴军。楚国灭掉了陈国。

二十年（公元前 476 年），越王勾践又来攻打吴国。二十一年（公元前 475 年），包围了吴国的国都。二十三年（公元前 473 年）十一月丁卯日，越国打败了吴国。越王勾践想让吴王夫差迁居甬东，封给民户百家，让他居住在那里。吴王说："我老了，不能够侍奉君王了。我后悔没有听伍子胥的话，让自己落到这种境地。"说完自杀了。越国灭掉了吴国，诛杀了伯嚭，因为他不是忠臣。然后越王回国了。

太史公说：孔子说："吴太伯可称得上是德行到了极致的人，三次让天下，百姓不知道怎样称赞才好。"我读了古文《春秋》，才知道中原的虞国与荆夷的吴国是兄弟之国。延陵季子的仁义之心，向往仁义没有止境，从细微的地方可以知道是清白还是污浊。啊，这是一个多么博闻多见的正人君子啊！

知识拓展

博物君子

释义：指博学多识的人。

出处：《史记·吴太伯世家》：“延陵季子之仁心，慕义无穷，见微而知清浊。呜呼，又何其闳览博物君子也！”

史记卷三十二
齐太公世家

扫描二维码
阅读本篇原文

吕尚　武王　襄公　桓公　管仲　顷公　庄公　崔杼　晏子　景公

太公望[1]吕尚是东海边上的人。他的祖先曾经做过四岳，辅佐大禹治水立有大功。虞舜、夏禹的时候被封在吕，有的被封在申，姓姜。夏朝、商朝时，申、吕有的被封给旁支子孙，有的成了百姓，吕尚是他们的后代，本姓姜，后来他的封地作为姓氏，所以叫吕尚。

吕尚可能曾经穷困，年纪大了，利用钓鱼的方式求见周西伯姬昌。西伯将要出去打猎，先占卜，占卜的结果是："将要猎获的不是龙不是螭，不是虎也不是罴，所获的将是霸王的辅佐。"于是周西伯出猎，果然在渭水北边遇见了太公，和他交谈，大为高兴，说："我的先代君主太公[2]说：'当有圣人到周来，周将依靠他兴盛。'先生就是这个人吧？我的太公盼望您很久了。"因此称他为"太公望"。周西伯和他一起坐车回去，立他为太师。

有人说，太公见识广，曾经侍奉过商纣王。商纣王昏庸无道，太公离开了他。太公游说诸侯，没有遇上赏识他的人，

① 太公望：周代齐国的始祖。姜姓，吕氏，名望，一说字子牙。西周初年任太师，也称师尚父。又有太公之称，俗称姜太公。兵书《六韬》是战国时人依托于他的著作。

② 太公：太王古公亶父。

因而最后往西归依了周西伯。有人说，吕尚是个有德行的隐士，隐居海边。周西伯被商纣王拘禁在羑里时，散宜生、闳夭平素了解太公，因而招请他来。吕尚也说："我听说西伯贤能，又善待赡养老人，何不去他那里呢？"散宜生、闳夭、太公三人为解救西伯，搜求到了美女、宝物，把它们献给商纣王，用来赎回西伯。西伯因此被释放，回到周。传说吕尚侍奉周的情况不同。然而主要都是说他做了文王、武王的太师。

周西伯姬昌从羑里脱身归来，与吕尚谋划施行德政以推翻商的统治。他们的谋划有很多用兵的策略和奇妙的计谋，因此后世谈论兵法和周朝的策略权术，都推崇太公。周西伯为政公平，他裁决虞、芮的争讼①后，诗人称道西伯受天命为文王。西伯讨伐崇国、密须国、犬夷，大规模地营建丰邑。天下三分，三分之二归属周，太公的计谋占多数。

文王驾崩，武王即位。九年后，武王想继承文王的霸业，向东征伐，试探诸侯是否听命，军队出发了，师尚父左手拿黄钺、右手持白旄誓师，说："苍兕官们，集合军队，交给你们船只，迟到的斩首。"于是到了盟津。【10】未经约定而来会合的诸侯有八百多人。诸侯都说："商纣王可以讨伐了。"武王说："还不可以。"撤回了军队，与太公作了这篇《太誓》。

过了两年，商纣王杀了王子比干，囚禁了箕子。武王将要讨伐商纣王。占卜，龟甲兆辞不吉利，暴风雨降临。大臣们都恐惧，只有太公坚决劝武王伐纣。武王因此就出发了。

---

① 虞、芮争讼：虞，姬姓封国。芮，姬姓封国。周文王时，虞、芮争田，文王为之裁决争议，二国归附于周。

十一年正月甲子日，在牧野誓师，讨伐商纣王。商纣王的军队大败。纣王回头逃跑，登上鹿台，武王追杀了商纣王。第二天，武王站在土地神坛前，大臣们捧着净水，卫康叔封铺设彩席，师尚父牵着祭祀用的牲畜，史官宣读祭神的策书祝文，把商纣王的罪行报告给天地神祇。散发鹿台的钱，发放钜桥的粟，来赈济贫民。给王子比干的墓加高培土，把箕子从囚禁中释放出来。迁走了九鼎，修明周王朝的统治，与天

下人一起革故鼎新。其中，师尚父的谋略占了多数。

这时，周武王已平定商朝统治了天下，将齐国的营丘封给师尚父。太公向东到封国去，路途歇息，行进迟缓。旅店的主人说："我听说时机难于得到却容易失去。客人睡得很安稳，大概不是去封国上任的人。"太公听说后，夜里穿起衣服就出发了。黎明到了封国。莱侯来侵犯，与太公争夺营丘。营丘位于莱的边境，莱人是少数民族，【11】适逢商纣王国乱，周又刚平定天下，还没能安定远方，因此莱侯与太公争夺封国。

太公到了封国，修明政治，顺从当地的风俗，简化礼节，沟通商业、手工业，发展鱼盐生产，因此人民大多归附齐国，齐成为大国。周成王年少时，管叔、蔡叔作乱，淮夷反叛周朝，于是派召康公授命太公说："东到大海，西到黄河，南到穆陵，北到无棣，五等诸侯，九州牧伯，你都可以征讨他们。"齐国从此就有了征伐诸侯的权力，成为大国，定都营丘。

太公大约一百多岁时去世，儿子丁公吕伋（jí）登位。丁公去世，儿子乙公得登位。乙公去世，儿子癸公慈母登位。癸公去世，儿子哀公不辰登位。

哀公时，纪侯在周王面前说他的坏话，周王烹杀了哀公，立他的弟弟静，这就是胡公。胡公把都城迁到薄姑，此时正当周夷王时。哀公的同母弟弟山怨恨胡公，因此就和党羽率领营丘的人袭击杀死了胡公，自立为君，这就是献公。献公元年（约公元前 858 年），放逐了胡公所有的儿子，并把都城从薄姑迁走，定都临菑。

九年（约公元前 850 年），献公去世，儿子武公寿即位。武公九年（公元前 842 年），周厉王出逃，住在彘地。武公十年（公元前 841 年），周王室混乱，大臣们共同执掌周王室的权力，称为"共和"。二十四年（公元前 827 年），周宣王初即王位。

二十六年（公元前 825 年），武公去世。儿子厉公无忌即位。厉公暴虐，已故的胡公的儿子又回到齐国，齐人想立他为君，因此就和他一起杀死了厉公。胡公的儿子也战死了。齐国人就立厉公的儿子赤为国君，这就是文公，他即位后，处死了杀害厉公的七十人。

文公在位十二年（公元前804年）去世，儿子成公脱即位。成公在位九年（公元前795年）去世，儿子庄公购即位。

庄公二十四年（公元前771年），犬戎杀死了周幽王，周王室东迁洛邑。秦这时开始位列诸侯。五十六年（公元前739年），晋国人杀死了晋昭侯。

六十四年（公元前731年），庄公去世，儿子釐公禄甫即位。

釐公九年（公元前722年），鲁隐公初继位。十九年（公元前712年），鲁桓公杀死了他的哥哥鲁隐公，自立为国君。

二十五年（公元前706年），北戎攻打齐国。郑国派太子忽来援救齐国，釐公想把女儿嫁给他，太子忽说："郑国是小国，齐是大国，我不配。"于是辞谢了。

三十二年（公元前699年），釐公的同母弟弟夷仲年去世了。他的儿子叫公孙无知，釐公宠爱他，让他的爵位、服饰、饮食和太子一样。

三十三年（公元前698年），釐公去世，太子诸兒即位。这就是齐襄公。

襄公元年（公元前697年），襄公刚做太子时，曾经与无知争斗。襄公即位后，废除了无知的爵位、俸禄、器服，无知怨恨襄公。

四年（公元前694年），鲁桓公和夫人到了齐国，齐襄公过去曾经与鲁夫人私通，鲁夫人是襄公同父异母的妹妹，釐公时嫁给鲁桓公，桓公来齐国，襄公又和桓公夫人私通。鲁桓公知道了，对夫人生气。夫人把这事告诉了襄公。齐襄

公与鲁桓公一起喝酒，襄公灌醉了鲁桓公。他让大力士彭生抱着鲁桓公上车，彭生趁机打断了鲁桓公的肋骨杀死了他，等到仆人请桓公下车的时候，发现他已经死了。鲁国人因此就责备齐国，齐襄公杀死了彭生来向鲁国道歉。【12】

八年（公元前690年），讨伐纪国，纪国迁离了它的都城。

十二年（公元前686年），当初，襄公让连称、管至父戍守蔡丘，七月瓜熟时去戍守，第二年七月瓜熟时派人替换

他们。他们去戍守了一整年，七月份结束，襄公还不派人去替换。有人为他们请求派人替换，襄公没有答应，因此这两人发怒，与公孙无知密谋发动叛乱。连称有一个堂妹在襄公的后宫做姬妾，不受宠幸，让她暗中窥探襄公的动静，说："事成之后，让你做无知的夫人。"冬季十二月，襄公在姑棼（fén）游玩，就在沛丘打猎。他看见一只野猪，随从的人说"是彭生"，襄公发怒了，用箭射它，野猪像人一样站立起来啼叫。襄公害怕了，从车上掉下来，伤了脚，鞋子丢了。【13】襄公回去之后，把管鞋的茀（fú）鞭打了三百下，茀出宫了。无知、连称、管至父等听说襄公受伤，就率领他们的党羽袭击王宫，碰到了管鞋的茀。茀说："暂且不要进去惊动了宫里的人，惊动了宫里人就不容易进去了。"无知不信茀，茀让他看自己的鞭伤，才信了。他们在宫外等着，让茀先进去。茀先进去了，就把襄公藏在侧门后。过了很久，无知等人恐有意外，就进了宫。茀反而与宫中卫士以及襄公的宠臣攻打无知等人，但他们失败了，都死了。无知进入宫中，找不到襄公，有人看见侧门下面有人的脚，拉开侧门看，就是襄公，于是杀了他，无知自己登位做了齐君。

桓公元年（公元前 685 年），齐君无知在雍林[①]游览。雍林人曾经怨恨无知，等到无知去雍林游览时，雍林人袭击杀死了无知，对齐国的大夫们说："无知杀害襄公自立为国君，我们处死了他，希望大夫们另立公子中应当继位的人。我们唯命是从。"

当初，襄公灌醉了鲁桓公杀死了他，和桓公夫人私通，多次杀害不该杀的人，沉湎女色，屡次欺侮大臣，他的弟弟们恐惧祸及自身，因此次弟公子纠逃奔鲁国，公子纠的母亲是鲁国国君的女儿，管仲和召忽辅佐他。三弟公子小白逃到莒国，鲍叔牙辅佐他。小白的母亲是卫国国君的女儿，受到齐釐公的宠爱。小白从小和大夫高傒友善。等到雍林人杀死了无知，商议立国君，高、国[②]两家先暗中从莒国接小白回来。

① 雍林：也作雍廪。渠丘邑的大夫。此处用人名借代邑名。

② 高、国：齐国两个大族，皆为正卿。

鲁国听说无知死了，也派兵送公子纠回国，派管仲带兵在从莒国到齐国的路上拦截公子小白，管仲射中了小白的衣带钩。小白装死，管仲派人坐马车飞报鲁国。鲁国护送公子纠的人马行进愈益迟缓，六天后到了齐国，小白已经先进入齐国，高傒拥立他为君，这就是齐桓公。

桓公被射中了衣带钩，他装死来骗管仲，随即乘坐温车[①]快速前进，又有高、国两家做内应，因此得以先进入齐国立为国君，派兵抵御鲁军。秋天，与鲁国在乾时作战，鲁军失败逃走了，齐军截断了鲁军的归路。齐国给鲁国一封书信说："公子纠是我的亲兄弟，我不忍心亲手杀死，请鲁国杀了他。召忽、管仲是我的仇人，请将他们送回，我要把他们剁成肉酱才称心。如不这样，我们将包围鲁国。"鲁国人害怕，就在笙渎杀死了公子纠。召忽自杀，管仲请求当囚犯。桓公即位后，派兵攻打鲁国，心里想杀掉管仲。鲍叔牙说："我庆幸跟随君王，您终于登位了。君王已经很尊贵了，我没有办法使您更尊贵。您要治理齐国，那么有高傒和我足够了。您若想称霸诸侯，没有管仲是不行的。管仲在哪个国家，哪个国家就强大，您不能失去管仲。"因此桓公听从了鲍叔牙的话，就假装索要管仲以解心头之恨，实际上是想用他。管仲知道这件事，所以请求前往齐国。鲍叔牙迎接管仲，到了堂阜便解除了管仲的镣铐，斋戒行祓（fú）礼之后朝见桓公，桓公厚礼相待，用他做大夫，委任他处理政事。【14】

齐桓公得到管仲后，让他与鲍叔牙、隰朋、高傒一起修明齐国的政事，实行以五家为基本单位的兵制，铸造钱币，

---

① 温车：即辒凉车，卧车，有帐幕。"温"一作"辒"。

设置捕鱼煮盐等便利，以救济贫穷，起用贤能的人士，齐国人都很高兴。

二年（公元前684年），齐国征讨消灭了郯（tán）国，郯子逃到莒国。当初，齐桓公流亡时，经过郯国，郯国对他无礼，因此讨伐它。

五年（公元前681年），讨伐鲁国，鲁国战败。鲁庄公请求献出遂邑来讲和，齐桓公答应了，与鲁庄公在柯会盟。

鲁庄公将要盟誓，鲁将曹沫在坛上劫持了齐桓公，说：“归还侵占鲁国的土地！”桓公答应了，然后曹沫放下匕首，面朝北站在臣下的位置上。桓公后悔，想不归还鲁国的土地，还要杀掉曹沫。管仲说：“被劫持时答应了却不守信用杀死他，只能满足一时小小的痛快，但在诸侯中失信，失去了天下的支持，不可以这样。”因此就把曹沫三次打败仗丢失的土地归还给鲁国。诸侯听说后，都佩服齐国，想依附它。桓公七年（公元前 679 年），诸侯在甄邑与桓公会盟，桓公这时开始称霸诸侯。

桓公十四年(公元前672年),陈厉公的儿子田完,号敬仲,来投奔齐国。齐桓公想用他做卿，他辞谢了；因此就用他做了掌管百工的工正。他就是田成子[①]田常的祖先。

二十三年（公元前 663 年），山戎攻打燕国，燕国向齐国告急。齐桓公援救燕国，讨伐山戎，一直打到孤竹。燕庄公因此给齐桓公送行进入齐国的境内。桓公说：“如果不是周天子，诸侯相互送行不能出国境，我不能够对燕无礼。”因此挖了一条沟作为界限，把燕庄公所到的地方割让给燕国，要燕君重新施行召公的德政，向周纳贡，就像周成王、康王时一样。诸侯听说后，都听从齐国的话。【15】

二十七年（公元前 659 年），鲁湣公的母亲哀姜是齐桓公的妹妹。哀姜与鲁的公子庆父[②]私通，庆父杀死了鲁湣公，哀姜想立庆父为国君，鲁国人另立鲁釐公，桓公召回哀姜，处死了她。

二十八年（公元前 658 年），卫文公受到狄人的侵扰，向齐国告急，齐国率领诸侯在楚丘筑城，在那里立卫君。

二十九年（公元前 657 年），齐桓公与夫人蔡姬在船中嬉戏。蔡姬熟悉水性，她摇晃船，桓公害怕，制止蔡姬，她不听，下船以后，桓公生气了，把蔡姬送回了娘家，又不断

① 田成子：田常，齐大臣，原名恒，因避汉文帝的讳改作常。杀死简公，拥立齐平公，任相国，尽灭公族中的强者，扩大封邑，陈氏专权。

② 庆父：即仲庆父，共仲，亦称孟氏。鲁庄公庶兄，杀害鲁君子般。闵公后出逃到莒，鲁国贿赂请求莒送归鲁国，庆父自杀。孟孙氏即其后裔，后人把作乱的人比作庆父。“庆父不死，鲁难不已”的成语由此而来。

绝关系。蔡侯也很生气，把蔡姬嫁了出去。桓公听说后大怒，发兵前往讨伐。【16】

三十年（公元前656年）春天，齐桓公率领诸侯的军队讨伐蔡国，蔡军溃散了。于是征伐楚国。楚成王调集军队，他问："为什么到我的土地上来？"管仲回答说："从前召康公授命我的先君太公说：'五侯九伯，你可以征讨他们，以辅佐周王室。'赐给我先君权限，东到大海，西到黄河，南到穆陵，北到无棣。楚国的贡品包茅没有交纳，以致天子的祭品不能齐备，因此来责问。周昭王出巡南方却没有回去，因此来问罪。”楚王说：“贡品没有送到，有这事是我的罪过，哪里敢不供给呢！昭王出巡没有回去，您应当到汉水边上去问。”齐军进驻陉地。夏天，楚王派将军屈完领兵抗击齐军。齐军退驻召陵。桓公向屈完夸耀他的人马众多。屈完说：“你以道义行事那还可以，若不然，楚国就以方城山①作为城，以长江、汉江作为护城河，您怎么能前进呢！”桓公就与屈完订立盟约离开了。经过陈国，陈国的大夫袁涛涂欺骗齐国，使齐军向东走弯路，齐军发觉受了骗。秋天，齐国讨伐陈国。这年，晋献公杀掉了太子申生。

三十五年（公元前651年）夏天，桓公在葵丘与诸侯会盟。周襄王派太宰孔赐给桓公祭祀文王、武王所用的祭肉、红色的弓箭以及诸侯上朝的坐车，还命令桓公接受赏赐不必跪拜。桓公准备答应，管仲说：“不可以。”桓公因此就下跪接受赏赐。秋天，又在葵丘与诸侯会盟，更加有骄傲的神色。周王室派太宰孔参与会盟。诸侯中有不少背叛齐国。晋侯生病，迟到了，遇上太宰孔，太宰孔说：“齐侯骄傲了，不要去了。”晋侯听从了宰孔的话。这一年，晋献公去世了，大夫里克杀死了奚齐、卓子②，秦穆公因为夫人的关系把公子夷吾送回晋国做了国君。桓公因此讨伐晋国的内乱，到了高梁，派隰朋立了晋君才回去。

这时周王室衰微，只有齐、楚、秦、晋强大。晋国刚开

---

① 方城山：春秋时楚国所筑长城。

② 奚齐、卓子：晋献公与骊姬所生二子。卓：一作“悼”。

始参与会盟，晋献公就去世了，国内动乱。秦穆公处于偏远的地方，不参与中原诸侯的会盟。楚成王刚刚收服荆蛮，自认为是夷狄建立的国家。只有齐国作为中原诸侯的盟主，而且齐桓公能够宣示功德威信，所以诸侯服从他。当时桓公自夸说："我南征到了召陵，望祭熊耳山；北伐山戎、离枝、孤竹，西征大夏，经过流沙；裹住马脚，挂牢车子，登上太行山，到了卑耳山才回来。诸侯没有人违抗我。我与诸侯军事会盟有三次，和平会盟有六次，九次会合诸侯，一次决立周天子。从前夏、商、周三代接受天命，和我有什么不同呢？我想上泰山祭天，上梁父山祭地。"管仲坚决劝阻，桓公不听，就劝说桓公，只有远方的珍奇异物到了，才可以祭天地，桓公才停止了。

三十八年（公元前 648 年），周襄王的弟弟叔带与戎、翟合谋攻打周王，齐国派管仲去调停。周王室准备按上卿的礼节来接待管仲，管仲叩头说："我是个陪臣，哪里敢当！"三次推让，才接受了用下卿的礼节来朝见周天子。三十九年（公元前 647 年），周襄王的弟弟叔带逃奔到齐国，齐国派大夫仲孙氏请见周天子，为叔带谢罪。襄王发怒，不听从。

四十一年（公元前 645 年），秦穆公俘虏了晋惠公，又放回了他。这年，管仲、隰朋都去世了。管仲生病，桓公说："君臣中谁可以做相？"管仲说："没有人比君主更了解臣下。"桓公问："易牙怎么样？"管仲回答说；"他杀死自己的儿子来迎合君主，违背人情，不可让他做相。"【17】桓公问："开方怎么样？"管仲说："他背弃自己的父母来迎合君主，违背人情，难以亲近。"桓公问："竖刀怎么样？"管仲说：

“他阉割自己来迎合君主，违背人情，难以亲近。”管仲去世，但桓公不采用他的意见，终于亲近使用这三个人，三人专权。

四十二年(公元前644年)，戎攻打周王室。周向齐国告急。齐国命令诸侯各自出兵保卫周王室。这年，晋国公子重耳来到齐国，桓公把女儿嫁给了他。【18】

四十三年(公元前643年)，当初，齐桓公有三位夫人：王姬、徐姬、蔡姬，都没有儿子。齐桓公好女色，有很多姬

妾，位同夫人的有六人：长卫姬，生了无诡；少卫姬，生了惠公元；郑姬，生了孝公昭；葛嬴，生了昭公潘；密姬，生了懿公商人；宋华子，生了公子雍。桓公和管仲把孝公托付给宋襄公，立为太子。雍巫受到卫共姬的宠幸，通过宦官竖刀向桓公送厚礼，也受到了宠幸，桓公答应她立无诡为太子。管仲去世，五位公子都想继位。冬季十月乙亥日，齐桓公去世。易牙进入宫中，与竖刀一起依靠桓公的宠臣杀掉了许多反对的大夫，拥立公子无诡为国君。太子昭逃奔宋国。

桓公生病时，五位公子各自树立党羽争夺王位。等桓公去世后，他们就互相攻打，因此宫中空虚，没有人敢去用棺收殓桓公。桓公的尸体在床上停了六十七天，尸体上生了蛆虫爬到门外。十二月乙亥日，无诡登位，才用棺收殓，向诸侯报告桓公死讯。辛巳日夜晚，才举行装殓停灵的仪式。

桓公有十多个儿子。后来立为国君的一共五人：无诡登位三个月死去，没有谥号；其次是孝公；其次是昭公；其次是懿公；其次是惠公。孝公元年（公元前 642 年）三月，宋襄公率领诸侯的军队护送齐国的太子昭回来，攻打齐国。齐国人害怕了，杀死了他们的国君无诡。齐国人将要拥立太子昭，四个公子的部属攻打太子，太子逃到宋国，宋国因此与齐国的四位公子作战。五月，宋国打败了齐国的四位公子的军队，立太子昭为国君，这就是齐孝公。宋襄公因为齐桓公和管仲把太子托付给他，所以来征伐齐国。因为战乱的缘故，八月才安葬齐桓公。

六年（公元前 637 年）春天，齐国讨伐宋国，因为宋国不参加在齐国的会盟。夏天，宋襄公去世。七年（公元前 636 年），晋文公即位。

十年（公元前 633 年），孝公去世。孝公的弟弟潘利用卫国的公子开方杀掉了孝公的儿子，立潘为国君，这就是齐昭公。昭公是桓公的儿子，他的母亲叫葛嬴。

昭公元年（公元前 632 年），晋文公在城濮打败了楚国，在践土会合诸侯，朝拜周天子，天子让晋文公做霸主。六年（公元前 627 年），翟人侵犯齐国。晋文公去世。秦兵在崤山战败。十二年（公元前 621 年），秦穆公去世。

十九年（公元前613年）五月，昭公去世。儿子舍登位做齐的国君。舍的母亲不被昭公宠幸，齐国人都不怕他。昭公的弟弟商人因为桓公死时争夺君位不成功，暗地结纳贤士，抚爱百姓，百姓喜欢他。等到昭公去世，儿子舍继位，势单力薄，商人就和自己的部属在十月到昭公墓上杀死了齐君舍，商人自己登位，这就是懿公。懿公，是桓公的儿子，他的母亲叫密姬。

懿公四年（公元前609年）春天，当初，懿公做公子时，与丙戎的父亲一起打猎，争猎物输了，到继位后，他砍断了丙戎父亲的脚，让丙戎驾车。庸职的妻子貌美，懿公把她纳入后宫，让庸职做他的同车卫士。【19】五月，懿公在申池游玩。庸职和丙戎两个人洗澡，相互开玩笑。庸职说："断脚人的儿子！"丙戎说："妻子被夺走的人！"两个人都忌讳这话，就怨恨懿公，谋划和懿公在竹林中游玩，两人在车上杀了懿公，弃尸在竹林中逃走了。

懿公即位后，骄横，百姓不归附他。齐国人废弃他的儿子，从卫国接回公子元，立为国君，这就是惠公。惠公是桓公的儿子。他的母亲是卫国的女子，叫少卫姬，因为躲避齐的内乱，所以他在卫国。

惠公二年（公元前 607 年），长翟来侵犯。齐大夫王子城父攻打杀了他们的首领，把他埋在北门。晋国的赵穿[①]杀害了他的国君晋灵公。

十年（公元前 599 年），惠公去世，儿子顷公无野即位。当初，崔杼受到惠公宠信，惠公去世，高、国两家害怕崔氏的威逼，赶走了他，崔杼逃到卫国。

顷公元年（公元前 598 年），楚庄王强大，征讨陈国；二年（公元前 597 年），楚包围了郑国，郑伯投降，不久又让郑伯复国。

六年（公元前 593 年）春天，晋国派大夫郤（xì）克出使齐国。齐侯让母亲萧桐叔子[②]在帷幕中偷看。郤克上来，齐侯的母亲见他是个驼背，就笑出声来。郤克说："不报这个

---

① 赵穿：晋国正卿赵盾的室弟。

② 萧桐叔子：一作"萧同叔子""萧桐姪子"，《晋世家》中为萧桐侄子。

仇，我不再过黄河。”郤克回去，请求讨伐齐国，晋侯不答应。齐国的使者到了晋国，郤克在河内抓起齐国的四个使者，杀掉了他们。八年（公元前 591 年），晋国讨伐齐国，齐国让公子彊在晋国做人质，晋国的军队才离开。十年（公元前 589 年）春天，齐国攻打鲁国、卫国。鲁国、卫国的大夫到晋国请求援军，都是通过郤克。晋国派郤克率领八百辆兵车，做中军主将，大夫士燮率领上军，栾书[①]率领下军，援救鲁、卫，讨伐齐国。六月壬申日，与齐侯的军队在靡笄山下相遇。癸酉日，两军在鞍摆开阵势。大夫逄（páng）丑父做齐顷公的车右[②]。顷公说：“快马奔驰进攻吧，打败晋军后会餐。”郤克被射伤，血流到鞋子上。郤克想回到营垒中去，他的车夫说：“我刚进入战场时受了两处伤，不敢说疼痛，我怕士兵们害怕，希望您忍着点。”于是再投入战斗。战斗中，齐军的形势危急，逄丑父怕齐侯被擒，就和他互换了位置，顷公做车右，战车绊在树上停住了。晋国的小将韩厥[③]伏在齐侯的车前说：“寡人派臣子援救鲁、卫。”戏弄顷公。逄丑父派顷公下车打水喝，顷公因此得以逃脱，回到了军中。晋国的郤克想杀死丑父。丑父说：“我代国君而死却被杀害了，以后臣子没有忠于国君的了。”郤克放了他，逄丑父于是得以逃回齐国。在这时，晋军追击齐军到了马陵。齐侯请求用宝器来谢罪，郤克不答应，一定要得到讥笑郤克的萧桐叔子，并让齐国的田间道路改成东西向，以便晋军进军。齐人回答

---

① 栾书：栾武子，晋国大夫。公元前 573 年，与中行偃杀晋厉公，立晋悼公。

② 车右：称古代坐在御者右边的护卫武士。

③ 韩厥：晋大夫，曾做司马，鞍之战后升为卿，即韩献子。

说：“叔子是齐侯的母亲，齐侯的母亲也就是晋侯的母亲，您怎样处置她？况且您先以正义来讨伐，却随后干出残暴的事情，难道可以这样吗？”【20】晋国因此答应了齐国的要求，让齐国归还所侵占的鲁、卫的土地。

十一年（公元前588年），晋国开始设置六卿，赏赐在鞍之战中的功臣。齐顷公访问晋国，想尊晋景公为王，晋景公不敢接受，就回来了。回国后，齐顷公就开放苑囿，减轻

赋税，赈济孤儿，探问病人，把积聚的财物拿出来救济百姓，百姓也很欢喜。他又厚礼对待诸侯，直到顷公去世，齐国百姓亲附，诸侯不来侵犯。

十七年（公元前 582 年），顷公去世，儿子灵公环登位。

灵公九年（公元前 573 年），晋国的栾书杀死他的国君厉公。十年（公元前 572 年），晋悼公讨伐齐国，齐国派公子光去晋国做人质。十九年（公元前 563 年），立公子光为太子，高厚辅佐他，让他去钟离与诸侯会盟。二十七年（公元前 555 年），晋国派大夫中行献子讨伐齐国。齐国军队失败了，灵公出走到临菑。晏婴劝阻灵公，灵公不听，晏子说："国君也没勇气了。"晋军于是包围了临菑，临菑的齐军坚守城池不敢出战，晋军焚毁了外城离开了。【21】

二十八年（公元前 554 年），当初，灵公娶了鲁国的女子，生了儿子光，把他立为太子。灵公又娶了仲姬、戎姬。戎姬受宠，仲姬生了儿子牙，把他托付给戎姬。戎姬请求立牙为太子，灵公答应了。【22】仲姬说："不行，公子光立为太子，名字已经列入诸侯中了，现在他没有任何过失被废黜，您一定会后悔。"灵公说："由我处置罢了。"于是把太子光迁到东部边陲，让高厚辅佐牙为太子。灵公生病，崔杼接回了从前的太子光，立他为君，这就是齐庄公。庄公杀掉了戎姬。五月壬辰日，灵公去世，庄公即位。在句窦之丘上抓住了太子牙，杀掉了他。八月，崔杼杀死了高厚，晋国听说齐国内乱，攻打齐国，到了高唐。

庄公三年（公元前 551 年），晋国的大夫栾盈[①]逃奔齐国，齐庄公用隆重的礼节接待他。晏婴、田文子劝谏，庄公不听。四年（公元前 550 年），庄公派栾盈偷偷地潜回晋国的曲沃做内应，派军队随后进攻，上太行山到了孟门山。栾盈失败，齐军撤回，夺取了朝歌。

六年（公元前 548 年），当初，棠公的妻子貌美，棠公去世，崔杼娶了她。庄公和她私通，几次到崔家，把崔杼的

① 栾盈：晋大夫，栾书的孙子。

帽子赐给别人。侍者说："不可以。"崔杼发怒了，乘着庄公攻打晋国，崔杼想和晋国合谋袭击齐国却没有机会。庄公曾经鞭打宦官贾举，贾举又去侍候庄公，替崔杼监视庄公来报仇。五月，莒国国君莒子来齐国朝见齐侯。齐侯在甲戌日设宴款待他。崔杼称病不去上朝。乙亥日，庄公来探问崔杼的病情，并跟崔杼的妻子私通。崔杼的妻子进入内室，与崔杼关闭门户不出来，庄公倚着柱子唱起歌，宦官贾举拦住庄

公的随从官员自己进来，关了门，崔杼的亲信拿着兵器从里面出来。庄公登上台请求和解，不允许；请求向神明发誓，也不允许；请求去祖庙自杀，不允许。他们都说："国君的臣子崔杼生病，不能亲自来听候国君的命令。这里靠近宫中，我们下人只知全力捉拿淫乱的人，不知道其他的命令。"庄公翻墙，崔杼的家臣射中了庄公的大腿，庄公掉了下来，就杀了他。【23】晏婴站在崔杼的门外，说："国君为国家死，臣子就为君死；国君为国家逃命，臣子就为君逃命；国君为自己而死，为自己而逃亡，如果不是他的亲信，其他人不必为他殉身。”开门后晏婴进去了，伏在庄公尸体上哭泣，跳了三下出去了。有人对崔杼说：“一定要杀了他。”崔杼说：“他是众望所归的人，放过他，可以得到民心。”

丁丑日，崔杼拥立庄公的异母弟弟杵臼，这就是齐景公。景公的母亲，是鲁国叔孙宣伯的女儿。景公即位，用崔杼做右相，庆封做左相。两位相国害怕发生内乱，就与都城人盟誓，说：“不支持崔杼、庆封的人处死刑。”晏婴抬头对天说：“我不求什么，只听从忠于国君有利于国家的人。”不肯盟誓。庆封想杀掉晏婴，崔杼说：“他是忠臣啊，放了他。”齐国的太史写道：“崔杼杀害了庄公。”崔杼杀了他。他的弟弟又这样写，崔杼又杀了他。小弟弟又这么写，崔杼才放过了他。

景公元年（公元前547年），当初，崔杼生了儿子崔成和崔彊，他们的母亲死后，娶东郭氏的女儿，生了崔明。东郭氏的女儿让她前夫的儿子无咎和她弟弟偃辅佐崔杼。崔成犯罪，无咎、东郭偃这两个家臣立即治他的罪，立崔明做继承人。崔成请求退隐住在崔邑，崔杼答应了。两位家臣不听，说：“崔邑是宗庙所在的地方，不行。”崔成、崔彊发怒，告诉庆封。庆封与崔杼有仇怨，希望崔家衰败。崔成、崔彊在崔杼家杀了无咎、东郭偃，家中人都逃亡。崔杼发火了，家中没有人，让一个宦官驾车，去见庆封。庆封说：“请让我替你杀了他们。”派崔杼的仇家卢蒲嫳（piè）攻打崔氏，杀了崔成、崔彊，灭绝了崔氏，崔杼的妻子自杀。崔杼无处可归，也自杀了。庆封做了相国，独揽大权。

三年（公元前 545 年）十月，庆封出去打猎。当初，庆封杀崔杼后，更骄傲了，嗜酒，喜欢打猎，不处理政事。他的儿子庆舍处理政事，父子之间已经产生了内部矛盾。田文子对儿子田桓子说："内乱将要发生了。"田、鲍、高、栾四家一起谋划对付庆氏。庆舍派兵包围了庆封的住处，四家的家兵共同打败了庆舍。庆封回来，不能进去，逃到鲁国。齐国人责备鲁国，庆封逃到吴国。吴国给他朱方县，聚族而居，比在齐国时还要豪富。这年秋天，齐国人给庄公迁葬，把崔杼陈尸街头来取悦百姓。

九年（公元前 539 年），齐景公派晏婴出使晋国，他私下对叔向[①]说："齐国的政权终究要归到田氏手中。田氏虽然没有大的德行，但是假公济私，对百姓施行恩德。百姓喜欢田氏。"十二年（公元前 536 年），齐景公去晋国，会见晋平公，想和他一起攻打燕国。十八年（公元前 530 年），景公又去晋国，会见晋昭公。二十六年（公元前 522 年），景公在鲁的郊外打猎，因而进入鲁国，与晏婴一起询问鲁的礼制。三十一年（公元前 517 年），鲁昭公为躲避季氏的祸难，逃到齐国。齐国想把千社给他做封邑，子家劝阻昭公不要接受，昭公就请求齐国讨伐鲁国，夺取郓（yùn）城，让昭公住在那里。

三十二年（公元前 521 年），彗星出现。景公坐在柏寝台上，感叹说："多么富丽堂皇！谁将拥有它呢？"【24】大臣们都哭了，晏婴在笑，景公生气了。晏婴说："我笑大臣们过于阿谀逢迎了。"景公说："彗星出现在东北，正当齐的分野，我为这忧虑。"晏婴说："您筑高台掘深池，收取赋敛

---

① 叔向：一作叔响。晋大夫。羊舌氏，名肸。又称杨肸，曾任晋平公的太傅。

唯恐不能到手，刑罚唯恐用不尽，茀（fú）星[①]将要出现了，彗星怕什么呢？”景公说：“可以祈祷消灾吗？”晏婴说：“假如神可以祈祷而来，也可以祈祷离去，百姓困苦怨愤数以万计，而您让一个人祈祷消灾，哪里能够胜过众口的诅咒呢？”这时景公喜欢修治宫室，搜罗狗马，生活奢侈，赋税重，刑罚严，因此晏婴用这话来劝谏。

---

① 茀星：孛星，一种彗星。古人认为是侵害主星的凶星。

四十二年(公元前506年),吴王阖庐攻打楚国,进入郢都。

四十七年(公元前501年),鲁国的阳虎攻打他的国君,失败了,逃奔齐国,请求齐国攻打鲁国。鲍子[1]劝谏景公,因而囚禁了阳虎。阳虎得机逃走,逃到晋国。

四十八年(公元前500年),景公与鲁定公在夹谷友好会见。犁钼(chú)说:"孔丘熟知礼仪但胆子小,请让莱人奏乐,乘机把鲁国国君抓起来,可以达到目的。"齐景公害怕孔丘做了鲁国的相以后,鲁国称霸,因此听从了犁钼的计策。正会晤时,进献莱人的音乐,孔子从台阶上来,派有关官吏把莱人抓起来杀死了,根据礼仪责备齐景公,齐景公感到惭愧,就归还侵占的鲁国的土地表示歉意,结束会盟离开了。这年,晏婴去世。

五十五年(公元前493年),晋大夫范氏、中行氏在晋国反叛他们的国君,晋国攻打他们,打得很急,他们来向齐国请求借贷粮食。田桓子的儿子田乞想作乱,在叛臣中树立党羽,劝景公说:"范氏、中行氏对齐国多次有恩,不能不救他们。"于是派田乞救援并送给他们粟米。

五十八年(公元前490年)夏天,景公夫人燕姬生的嫡子死了。景公的宠妾芮姬生了儿子荼,荼年轻,他的母亲出身低贱,没有好品行,大夫们害怕他成为继承人。于是就说希望选择公子中年长、贤能的人做太子。景公年老,讨厌谈论继承人的事,他宠爱荼的母亲,想立荼为太子,又难以启齿,就对大夫们说:"及时行乐吧,国家还愁没有君主吗?"秋天,景公生病,命令国惠子、高昭子立小儿子荼为太子,放逐了众公子,把他们迁到莱地。景公去世,太子荼即位,这就是

---

① 鲍子:鲍国,谥号文子,齐大臣,鲍叔牙之后。

晏孺子。冬天，景公还没有安葬，众公子害怕被杀，都出逃了。荼的几位异母哥哥公子寿、驹、黔逃到卫国，公子驵（zǎng）、阳生逃到鲁国。莱人歌唱道："景公去世不能参加丧葬，军国大事不得参与主张，公子们啊公子们，你们去什么地方？"

晏孺子元年（公元前489年）春天，田乞假装服从高氏、国氏，每次上朝，田乞都陪侍左右，说："您得到国君的重用，大夫们都人人自危，想阴谋作乱。"又对大夫们说："高昭子可怕，趁他还没动手对付我们，先下手为强。"大夫们听信了他。六月，田乞、鲍牧就与大夫们带兵器进入宫中，攻打高昭子。高昭子听说后，与国惠子一起救晏孺子，晏孺子的军队失败了，田乞的部众追击他们，国惠子逃到莒国，他们就返回来杀了高昭子。晏婴的儿子晏圉逃到鲁国。八月，齐国的秉意兹逃到鲁国。田乞打败了两位相国，就派人到鲁国去召回公子阳生。阳生到了齐国，暗藏在田乞家里。十月戊子日，田乞邀请大夫们说："我的母亲有点鱼菽之祭，希望大家来舍下聚会饮酒。"聚饮时，田乞把阳生装在一个大口袋里，放在座位的中间，打开袋子放出阳生，说："这就是齐的国君！"大夫们都俯伏拜见。【25】将要同大夫们盟誓拥立公子阳生，鲍牧喝醉了，田乞骗大夫们说："我同鲍牧谋划立阳生为君。"鲍牧发怒说："您忘了景公的命令吗？"大夫们面面相觑，想反悔，阳生上前，叩头说："如果可以就立我，不可以就罢了。"鲍牧担心发生祸患，说："都是景公的儿子，有什么不可以！"就与大家盟誓，立阳生为君，这就是齐悼公。【26】悼公进入宫中，派人把晏孺子迁到骀（tái）邑，在帐幕下杀了他，把晏孺子的母亲芮子驱逐了，

芮子本来卑贱，孺子年幼，因此没有权势，国人轻视他们。

悼公元年（公元前 488 年），齐国讨伐鲁国，夺取了讙（huān）邑、阐邑。当初，阳生逃亡在鲁国，季康子把他的妹妹嫁给了他。等他回到齐国即位，派人迎接她。季姬与季康子的叔父季鲂侯私通，说出了内情，鲁国不敢把她送到齐国，因此齐国讨伐鲁国。最终接走了季姬。季姬受到宠幸，齐国又把侵占的鲁国的土地归还了。

鲍牧和悼公有隔阂，不友善。四年（公元前 485 年），吴国、鲁国攻打齐国的南方。鲍牧杀了悼公，讣告吴国。吴王夫差在军门外哭了三天，准备从海上进攻齐国。齐国人打败了吴军。吴军才撤走。晋国赵鞅攻打齐国，到了赖邑便离开。齐国人共同拥立悼公的儿子壬，这就是齐简公。

简公四年（公元前 481 年），当初，简公和父亲阳生都在鲁国时，监止受到宠信。到简公即位时，让他处理国政。

田成子害怕他，上朝时几次回头看。御车官田鞅对简公说：“田、监二人不能并用，您可要从中选择一个。”简公不听从。监止晚上处理政事，正好碰上田逆杀人，就把他抓到了狱中。田氏全族和睦，让田逆装病乘机给看守田逆的人酒喝，灌醉看守就杀了他，得以逃跑。监止和田氏族人在田氏宗庙结盟。当初，田豹想做监止的家臣，让大夫公孙推荐田豹，因田豹家有丧事就作罢了。后来监止终于用他做了家臣，田豹得到了监止的宠信。监止对他说：“我把田氏都赶走，用你做族长，可以吗？”田豹回答说：“我与田氏关系疏远。而且不听从您的不过几个人，何必都赶走呢？”田豹于是告诉了田氏。田逆说：“他得到国君的宠信，不先动手，必定加害您了。”田逆在简公宫中住下，观察动静。

夏季五月壬申日，田成子兄弟八人坐着四乘车到简公那里去。监止在帷帐中，出来迎接，于是进去了，关上门。宦官抵抗，田逆杀死了他们。简公正同女人们在檀台上喝酒。田成子把他迁到寝宫，简公拿着戈准备刺他。太史子馀说：“他并非不利于您，将为您除害。”田成子出宫住在武器库中，听说简公还在发怒，准备出去，说：“哪里没有君主！”田逆拔出剑说：“犹豫迟疑，是办事的大忌。谁不是姓田的？你若出去，我若不杀你，有历代的宗亲为证！”于是田成子留下了。监止回去，集合徒众攻打宫门、大门，都没有得手。于是出来了，田氏追赶他。丰丘人抓住了监止来报告，在郭关杀了他。田成子将要杀掉大陆子方[①]，田逆求情放了他。大陆子方按简公的命令在路上要了一辆车，出雍门。田豹给

① 大陆子方：齐国大夫东郭贾。

他车，子方不接受，说："田逆为我求情，田豹给我车，我和你有私交，我侍奉监止却和他的仇人有私交，凭什么去见鲁、卫的士人？"【27】

庚辰日，田常在徐（shū）州抓住了简公。简公说："我早听田鞅一句话，不至于此。"甲午日，田常在徐州杀了简公。田常于是立简公的弟弟骜为君，这就是齐平公。平公即位，田常辅佐他，独揽齐的大权，把齐国安平以东的地方割给田氏做封邑。

平公八年（公元前483年），越国灭了吴国。二十五年（公元前456年），平公去世，儿子宣公积继位 。

宣公五十一年（公元前405年）去世。儿子康公贷即位。大夫田会在廪丘造反。

康公二年（公元前403年），韩、魏、赵开始列为诸侯。十九年（公元前386年），田常的曾孙田和开始成为诸侯。把康公贬到海滨。

二十六年（公元前379年），康公去世，吕氏就被断绝了祭祀。田氏终于拥有了齐国。这就是齐威王，称雄天下。

太史公说：我到齐国，自泰山到琅邪山，北部靠海，沃土两千里，那里的百姓胸怀开阔，智慧深沉，这是他们的天性啊。凭太公的圣明，奠定国家的基础，桓公强盛，施行善政，主持诸侯会盟，号称霸主，不也理所当然吗？气魄宏大啊！这本来就是泱泱大国的风度。

史记卷三十三

鲁周公世家

扫描二维码
阅读本篇原文

周公旦　成王　伯禽　庄公　昭公　定公　哀公　顷公

周公姬旦是周武王的弟弟，当周文王在世时，姬旦是一个孝顺的儿子，忠厚仁爱，和别的儿子不同，到周武王即位，姬旦常常辅佐周武王，处理的政事很多，周武王九年（公元前 11 世纪），向东征伐到了盟津，周公辅佐武王出师。十一年，讨伐商纣王，到了牧野，周公辅佐武王，写下了《牧誓》一文。消灭殷商，进入商的宫殿。杀了商纣以后，周公手持大钺，召公拿着小钺，左右护持着武王，杀牲祭祀土地神，把商纣王的罪恶上告天帝以及殷商的百姓。把箕子从囚禁中释放出来，赐给商纣王的儿子武庚禄父封邑，派管叔鲜、蔡叔度辅佐他，使殷的祭祀继续下去。周武王遍封功臣、同姓子弟、亲戚。把少昊氏的旧地曲阜封给周公，这就是鲁公。周公没有到封国去，留下辅佐周武王。

武王战胜殷商后的第二年，天下还没有安定。武王生病，不适，大臣们忧虑。太公、召公于是就虔敬地占卜。周公说："仅靠这个不足以让先王动心。"周公因此就用自己顶替武王，设了三个土坛，周公面朝北站立，顶着玉璧拿着圭，向太王、王季、文王求告。【28】史官读简书说："你们的长孙武王姬发，勤劳成疾。如果你们三位先王在天有保护子孙的责任，用姬旦的生命代替姬发。姬旦智慧多能，多才多艺，善于侍奉鬼神。而武王姬发不如姬旦多才多艺，不善于侍奉鬼神。

他在天帝的宫廷中接受天命，传布天道保佑扶助四方。因而能够在天下使您的子孙们安定，四方的百姓没有不敬畏的，不要让上天降下的神命落空，我们先王也会永远有归依的地方，做宗庙的主人。现在我在大龟这里领受三位先王的命令。你们答应我的请求，我就把这些圭与璧带来，等待你们的命令。你们不答应我，我就把圭与璧藏起来。”周公让史官求告过太王、王季、文王，想代武王姬发受难，因此就在三位先王的灵位前占卜。占卜的人都说吉利。打开占兆的书一看，果然吉利。周公高兴了，打开收藏占兆书的柜子看，又看见了上面写着吉利。周公进宫向武王道贺说：“王大概不会有事。我刚从三位先王那里接受命令，您应做长远的考虑，只有这样才是兴周的正道。这是上天让您考虑如何行使天子的职责。”周公把策书藏在金封的匣中，告诫看守的人不许说出去。第二天，武王的病就好了。

后来武王去世了，成王年少，在襁褓之中。周公唯恐天下人听说武王去世而叛乱，周公就登位代替周成王处理政事。管叔和弟弟们在周的都城散布流言说：“周公将对成王不利。”周公于是对太公望、召公奭说：“我之所以不避嫌而摄政，是怕天下背叛周，这样就无法向我们的先王太王、王季、文王交代。三王为天下忧劳很久了，到今天才成功。武王去世早，成王年少，我将以此保全周，所以我才像这样行事。”因此周公继续留下来辅佐成王，让他的儿子伯禽代他去封国鲁国。周公告诫伯禽说：“我是文王的儿子、武王的弟弟、成王的叔父，在天下我也算不卑贱了。然而我经常洗着头发、吃着饭的时候，被打断好几次，不得不拧着头发或者吐出嘴里的食物来接待士人，即便这样，我依然怕失去了天下的贤人。你去鲁国，千万不要因为是鲁国国君就对人骄横。”【29】

管叔、蔡叔、武庚等果然率领淮夷人造反。周公于是奉成王的命令，调动军队向东征讨，写了《大诰》。处死了管叔，诛杀了武庚，放逐了蔡叔，收服了殷的遗民，把康叔封在卫。把微子封在宋，让他主持殷的祭祀。平定了东方淮夷的叛乱，两年后完全安定了。诸侯都顺从以周为宗主。

天降福祉，唐叔得到一株禾苗，两畦的禾合生一穗，把它献给成王，成王命令唐叔把它送给东方的周公，写了《馈禾》[1]。周公接受成王赐的禾之后，赞美天子的恩惠，作了《嘉禾》。东方安定归附了，周公回来向成王报告。因此作诗献给成王，取名《鸱（chī）鸮（xiāo）》，成王也没敢指责周公。

---

①《馈禾》：一作《归禾》。

周成王七年二月乙未日，成王朝拜武王庙后步行，从周到丰。派太保[1]召公先去洛邑察看土地。这年三月，周公去营建成周洛邑。占卜选择建都之地，卜辞说吉利，因此以洛邑作为东都。

成王成年了，能处理政事，这时周公就把国家政权还给了成王，成王坐朝。周公代理成王统治时，面向南方，背后

① 太保：三公之一，辅佐天子的重臣。

靠着仪仗，朝见诸侯。到七年后，把朝政还给成王，面朝北站在臣子的位置上，恭敬谨慎，好像有所畏惧的样子。

当初，周成王年幼时，生病，周公就剪掉自己的指甲沉到河里，来向神祝告说："成王年少还没有见识，违反神的命令的人是姬旦。"事后也把策文藏在内府。【30】成王病愈。到成王处理朝政时，有人诬陷周公，周公逃到楚国。成王打开府库，看见了周公的祷告文书，就哭了，接回了周公。

周公回来，担心成王年壮，治理朝政有淫佚的地方。就写了《多士》《毋逸》。《毋逸》说："做父母的，长久地开创基业，子孙骄奢，忘记了使命，因此败了家业，做儿子的难道可以不谨慎吗？因此往昔在殷王中宗时，他严肃恭敬，畏惧天命，自己恪守以法度统治百姓，恐惧不敢荒废自安，因此中宗统治天下七十五年。在殷高宗时，他长期在外劳碌，与百姓一起劳作，刚即位时，因有丧事守孝，三年没说话，一开口百姓就欢喜，他也不敢荒废安逸，安定殷国，做到了事无大小，百姓都没有怨言。因此高宗统治天下五十五年。在祖甲时，不愿意背离道义来做殷王，长期在外做平民百姓，知道百姓的愿望，能够安顺百姓，不敢欺侮鳏夫寡妇，因此，祖甲统治天下三十三年。"《多士》说："从商汤到帝乙，没有不恭顺地祭祀鬼神修明德行的，帝王们没有不配享天的，到现在的继承者商纣王，骄奢淫逸，不顾天道民心。他的百姓都可以诛杀他。""文王太阳过了中天还没有时间吃饭，统治天下五十年。"周公作了这些文章来劝诫成王。

成王在丰邑，天下已经安定，周的设官立政还没有形成制度，于是周公撰写了《周官》，区别各种官吏负责的事宜。

写了《立政》，以便利百官，百官高兴。

周公住在丰邑，病重，将要去世，说：“一定要把我葬在成周，以表明我不敢离开成王。”周公去世后，成王也谦让，把周公葬在毕，和文王墓相近，以表明成王不敢把周公当作臣下看待。【31】

周公去世后，正是秋天，还没有收获，狂风暴雨忽起，庄稼都倒伏了，大树都被拔起了。周都人大为惊恐。成王与

大夫们穿上朝服，打开金縢里的书，成王才得知周公曾请求以自身代替武王的祷文。【32】太公、召公、成王于是问史官、执事官们，史官、执事官们说："的确有这件事，从前周公命令我不许说出去。"成王拿着金縢书哭泣，说："从此大概没有恭敬地占卜问吉凶的了！往昔周公为周王室勤劳办事，只是我这个小孩子无以得知。现在上天发威来彰显周公的德行，我应该祭祀上天，我们国家的礼节也应该相宜。"成王外出到郊外，天于是下雨，风向改变，倒伏的禾苗都立起了。太公、召公命令周都城的人，凡是大树倒了的，都扶起来，把折损的枝条拾起来。这一年获大丰收。因此周成王命令鲁国可以举行郊礼祭祀文王。鲁国能用天子的礼乐，是为了褒奖周公的德行。

周公去世，儿子伯禽本来已经受过封，这就是鲁公。鲁公伯禽刚受封去鲁国，三年后向周公报告政事。周公问："怎么这样迟缓？"伯禽说："改变鲁的风俗，革新鲁的礼仪，服丧三年然后除去丧服，所以迟缓。"太公也受封在齐国，五个月后向周公报告政事。周公问："怎么这么快？"太公说："我简化了齐国的君臣间的礼节，顺从齐国固有的做法。"到后来知道伯禽报告政事迟缓，就感叹说："哎，鲁国以后要面朝北做齐国的臣下。政事不简化不简易，百姓不会亲近；统治者平易近民，百姓必定归附他。"

伯禽即位之后，有管叔、蔡叔等造反。淮夷、徐戎也一起起来造反。在这时，伯禽领兵在肸讨伐他们，写了《肸誓》，说："准备好你们的甲衣和头盔，不要干坏事。不要把牛马圈弄坏了。别人走失的马牛、逃走的男女奴隶，不要离队去追赶，得到走失的牛马、逃亡的奴隶，一定要恭敬地还给人家。不要劫取别人的东西，也不要把别人走失的东西藏起来，不要翻墙偷盗。鲁国的三面郊野的人，储备干草、干粮、木桩，不能准备得太少。我们在甲戌日筑工事征讨徐戎。不准供应不及时，不然处以死刑。"写了这篇《肸誓》，不久便平定了徐戎，安定了鲁国。【33】

鲁公伯禽去世，儿子考公酋即位。考公在位四年去世，

立弟弟熙为君，这就是炀公，炀公修筑了茅阙门。他在位六年去世，儿子幽公宰继位。幽公十四年，幽公的弟弟溃（fèi）杀死幽公自立为国君，这就是魏公。魏公五十年去世，儿子厉公擢继位。厉公三十七年去世，鲁国人立他的弟弟具为君，这就是献公。献公三十二年去世，儿子真公濞继位。

真公十四年（公元前 841 年），周厉王暴虐无道，逃到彘，大臣们共同执政。二十九年（公元前 827 年），周宣王即位。

三十年（公元前826年），真公去世，弟弟敖继位，这就是武公。

武公九年（公元前817年），春天，武公与长子括、小儿子戏，往西朝拜周宣王。宣王喜欢戏，想立戏作鲁国的太子，周王室的樊仲山父劝周宣王说："废黜长子，立小儿子为太子，这不合理；不合理，必定违反王命；违反王命，必定要杀他。因此发出命令不能不合理，命令不能执行，政权的威信就不能确立；强制执行命令不合情理，百姓将要抛弃国君。臣下侍奉主上，年少的服侍年长的，这就是合乎情理。现在天子封诸侯，立年龄小的为君，这是教百姓忤逆。如果鲁国听从了，诸侯仿效，先王的命令将会阻塞，不能执行，若不听从因而杀了他，这是自己废弃先王的命令。杀了他也有错，不杀也有错，大王您应仔细考虑！"宣王不听劝谏，终于立戏为鲁太子。夏天，武公回国就去世了，戏继位，这就是懿公。

懿公九年（公元前807年），懿公的哥哥括的儿子伯御与鲁国人攻杀了懿公，立伯御为国君。伯御即位十一年，周宣王攻打鲁国，杀死了鲁君伯御，询问鲁国公子中能够引导和顺诸侯的人，让他做鲁国的继承人。樊穆仲说："鲁懿公的弟弟称，严肃恭敬英明睿智，侍奉长者恭敬，授予任务执行刑罚，一定查问先王遗训，咨询先例，不违背所查问的遗训，也不违犯所咨询到的先例。"宣王说："好，能够训导治理他的臣民了。"于是在夷宫[1]立称为鲁君，这就是孝公。自此后，诸侯多有背叛周天子的命令的。

---

① 夷宫：周夷王的庙。

孝公二十五年（公元前 782 年），诸侯背叛周王室，犬戎杀死了周幽王。秦国开始位列诸侯中。

二十七年（公元前 769 年），孝公去世，儿子弗湟登位，这就是惠公。

惠公三十年（公元前 739 年），晋国人杀掉了他们的国君晋昭侯。四十五年（公元前 724 年），晋国人又杀掉了他们的国君晋孝侯。

四十六年（公元前723年），惠公去世，庶子中的大儿子息摄政，代理国君统治，这就是隐公。当初，惠公的嫡夫人没有儿子，惠公卑贱的妾声子生了儿子息。息长大后，从宋国娶妻。宋国的女子来了，发现她很美，惠公夺来作为自己的妻子。【34】生了儿子允。把宋国的女子升为夫人，立允为太子。到惠公去世，因为允年纪小，鲁国人共推息摄政，不称息即位。

隐公五年（公元前718年），在棠地观赏捕鱼。八年（公元前715年），用许田交换郑君受天子之命陪祭泰山歇息用的祊（bēng）邑，君子讥讽了这件事。

十一年（公元前712年）冬天，公子挥向隐公谄媚地说："大家觉得您合适，您一定要正式即位。我请求替您杀掉子允，您用我做相。"隐公说："先君有命令。我因为允年龄小，所以摄政代理。现在允年龄大了，我正在营建菟（tú）裘，准备在那里养老，把政权交给子允。"公子挥怕子允知道反而杀了他，就反过来在子允面前诬陷隐公说："隐公想自己做国君，除掉您，您自己想办法吧。请让我替您杀掉隐公。"子允答应了。十一月，隐公祭祀钟巫，在社圃斋戒，住在大夫蔿氏家。公子挥派人在蔿氏家杀了隐公。立子允为国君。这就是桓公。

桓公元年（公元前711年），郑国用璧交换天子的许田。二年（公元前710年），把从宋国那里受贿得来的鼎放进了太庙，君子讥讽了这件事。

三年（公元前709年），派公子挥去齐国迎接齐女做夫人。六年（公元前706年），夫人生儿子，和桓公生日是同一天，所以取名叫同。同长大后，做了太子。

十六年（公元前 696 年），在曹会盟，讨伐郑国，送郑厉公回国。

十八年（公元前 694 年）春天，桓公将出行，就与夫人到齐国去。申繻（rú）劝阻，桓公不听，因此到齐国去。齐襄公和桓公夫人私通。桓公生夫人的气，夫人将此事告诉了齐侯。夏天四月丙子日，齐襄公宴请桓公，桓公醉了，齐侯让公子彭生抱鲁桓公上车，因而命令彭生折断了桓公的肋骨，桓公死在车上。鲁国人对齐侯说："我们国君敬畏齐侯的威风，不敢安居，来到齐国结好致礼，礼节完毕后人却没回来，我们不归咎谁，请把彭生交给我们以便在诸侯中消除耻辱。"齐国杀了彭生来取悦鲁国。鲁国立太子同为君，这就是庄公。庄公的母亲因而留在了齐国，不敢回到鲁国。

庄公五年(公元前689年)冬天,征讨卫国,送卫惠公回国。

八年（公元前 686 年），齐国的公子纠来投奔。九年（公元前 685 年），鲁国想送公子纠回齐国，落在了齐桓公的后边，齐桓公派兵攻打鲁国，鲁国危急，杀了公子纠，召忽自杀了。【35】齐国告诉鲁国把管仲活着送去。鲁国的施伯说："齐国想得到管仲，并不是要杀他，将要任用他。齐国用他就会成为鲁国的大患，不如杀了他，把他的尸体给齐国。"庄公不听，把管仲关起来给了齐国，齐国用管仲做相。

十三年（公元前 681 年），鲁庄公与曹沫一起在柯地与齐桓公会盟，曹沫劫持了齐桓公，要求归还侵占的鲁国的土地，桓公和曹沫订立了盟约后就被释放了。桓公想背弃盟约，管仲劝谏，终于归还了鲁国被占的土地。十五年（公元

【35】

前679年），齐桓公开始称霸。二十三年（公元前671年），庄公去齐国观看祭祀社神。

三十二年（公元前662年），当初，庄公筑台俯视大夫党氏家，看见了党氏家的大女儿孟女，喜爱她，答应立她为夫人，割破臂来盟誓。孟女生了儿子斑。斑长大后，喜欢大夫梁氏的女儿，去看她。养马官荦在墙外与梁氏女嬉戏。斑发怒，鞭打荦。【36】庄公听说了此事，说：“荦有力气，应该杀了他，这个人不能鞭打一下就放过了。”而斑没有杀他。

正赶上庄公生病。庄公有三个弟弟，大弟弟叫庆父，二弟叫叔牙，三弟叫季友。庄公娶齐女做夫人，叫哀姜，哀姜没有儿子。哀姜的妹妹叔姜，生了儿子启。庄公没有嫡子做继承人，喜欢孟女，想立她的儿子斑为太子。庄公病重，向弟弟叔牙询问继承人的事。叔牙说："鲁国的常规是：父亲死了，儿子继位；哥哥死了，弟弟接替。庆父在，可以做继承人，您担心什么？"庄公担心叔牙想立庆父，就又问季友。季友说："请让我拼死拥立斑为君。"庄公说："以前叔牙想立庆父，怎么办呢？”季友用庄公的名义命令叔牙在鍼（qián）巫氏[①]家等着，让鍼季强迫叔牙喝下鸩酒，说：“你喝了它，以后就有人供奉祭祀；不这样，你死了，而且还没有后代继承爵位。”叔牙于是喝毒酒死去，鲁国立他的儿子为叔孙氏。八月癸亥日，庄公去世，季友终于立了子斑为君，遵从庄公的命令。侍奉丧事时，公子斑在党氏家住下。

先前，庆父与哀姜私通，想立哀姜妹妹的儿子启为太子。到庄公去世时，季友立斑为太子。十月己未日，庆父派养马官荦在党氏家杀害了公子斑。季友逃到陈国。庆父终于立了庄公的儿子启为国君，这就是鲁湣公。

湣公二年（公元前 660 年），庆父与哀姜私通更是厉害了。哀姜与庆父阴谋杀掉湣公，立庆父为国君，庆父指使大夫卜齮在武闱暗杀了湣公。季友知道后，和湣公的弟弟申从陈国到了邾国[②]，请求鲁国让他们回去，鲁国人准备杀掉庆父。庆父害怕了，逃到莒国。这时季友带着子申回到鲁国，立申为国君，这就是釐公。釐公也是庄公的小儿子。哀姜害怕了，逃到邾国。季友用贿赂的方式买通莒国请求把庆父交给鲁国。庆父回来，季友派人去杀庆父，庆父请求出逃，不听从，于是派大夫奚斯边走边哭到庆父那里去。庆父听到了奚斯的哭声，就自杀了。齐桓公听说哀姜和庆父作乱，危害鲁国，就把她从邾国召回去，杀了她，把她的尸体送回鲁国，陈尸示众，鲁釐公请求齐侯埋葬了她。

季友的母亲是陈国的女子，所以他逃到陈国，陈国因此

---

① 鍼巫氏：即鍼季，鲁大夫。

② 邾国：后人称“邹”，董姓。战国时为楚所灭。

帮助护送季友和子申回鲁国。季友将要出生时，父亲鲁桓公让人占卜，说："是个男孩，他的名字叫'友'，他将执政，成为公室的辅弼。如果季友死了，鲁国的国运不能昌盛。"季友出生以后，在他的掌上有一个"友"字，因此用"友"作为他的名字，号为成季。他的后代被称为季氏，庆父的后代被称为孟氏。

釐公元年（公元前 659 年），把汶水北边的鄪（bì）邑封给季友，任命季友做了相国。

九年（公元前 651 年），晋国的里克杀死了他的国君奚齐、卓子。齐桓公带着釐公讨伐晋国的内乱，到了高梁才返回，立晋惠公为国君。十七年（公元前 643 年），齐桓公去世。二十四年（公元前 636 年），晋文公即位。

三十三年（公元前 627 年），釐公去世，儿子兴登位，这就是文公。

文公元年（公元前 626 年），楚国的太子商臣杀死他父亲楚成王，代立为楚王。三年（公元前 624 年），文公朝见晋襄公。

十一年（公元前 616 年）十月甲午日，鲁在咸地打败了翟人，俘虏了长翟的首领乔如。鲁大夫富父终甥用戈刺他的喉咙，杀死了他。把他的头埋在子驹门，用"乔如"命名了宣伯。

当初，宋武公时，鄋（sōu）瞒[1]攻打宋国，司徒[2]皇父带兵抵抗，在长丘打败了翟人，俘虏了长翟的首领缘斯。晋

---

① 鄋瞒：长狄的一支。

② 司徒：官名，西周时始设，管理土地和人民。

国消灭路国时，俘获了乔如的弟弟棼（fén）如。齐惠公二年（公元前 607 年），鄋瞒攻打齐国，齐国的王子城父俘获了他的弟弟荣如，把他的头埋在北门。卫国人俘虏了他的小弟弟简如。鄋瞒从此灭亡了。

十五年（公元前 612 年），季文子出使晋国。

十八年（公元前 609 年）二月，文公去世。文公有两个妃子：长妃是齐女哀姜，生了儿子恶和视，次妃敬嬴，受到宠幸，生了儿子俀(tuǐ)，俀私下侍奉襄仲。襄仲想立他为君，叔仲说不可以。襄仲向齐惠公请求援助，惠公刚即位，想亲近鲁国，就答应了。冬季十月，襄仲杀掉了文公的儿子恶和视，立俀为国君，这就是宣公。哀姜回到齐国，哭着经过街市说："天啊，襄仲做了大逆不道的事，杀死嫡子立庶子为君。"街市上的人都哭了，鲁国人称她为"哀姜"。【37】鲁国从此后公室卑微，三桓①强横。

宣公俀十二年(公元前597年)，楚庄王强大，围困郑国，郑伯投降，又让他复国了。

十八年(公元前591年)，宣公去世，儿子成公黑肱继位，这就是鲁成公。季文子说："使鲁国杀嫡子立庶子，失掉天下人支持的是襄仲。"襄仲拥立了宣公，他的儿子公孙归父受到宠信。宣公想除掉三桓，与晋国策划讨伐三桓。适逢宣公去世，季文子怨恨，归父逃奔齐国。

成公二年（公元前589年）春天，齐国攻打夺取了鲁国的隆邑。夏天，成公与晋国的郤克一起在鞍地打败了齐顷公，齐国又把侵占的鲁国的土地归还了。四年（公元前587年），成公去晋国，晋景公对鲁国不尊重。鲁国想背叛晋国同楚国结盟，有人劝谏成公，才没有这样做。十年(公元前581年)，成公去晋国。晋景公去世，晋国人借机留下成公给景公送葬，鲁国人觉得很耻辱，避讳不言这件事。十五年(公元前576年)，第一次与吴王寿梦在钟离会见。十六年（公元前575年），宣伯叔孙乔如请求晋国援助，想杀掉季文子。文子很有信义，晋国人没有答应。十八年（公元前573年），成公去世，儿

---

① 三桓：鲁国的三卿孟孙、仲孙、季孙都是桓公的后代，故称三桓。

子午登位，这就是襄公。这时襄公才三岁。

襄公元年（公元前 572 年），晋国立悼公为国君。上一年冬天，晋国的栾书杀死他的国君晋厉公。四年（公元前 569 年），襄公朝拜晋国。

五年（公元前 568 年），季文公去世。他的家里没有穿丝绸衣服的妾，马厩里没有吃粟的马匹，府库没有金、玉，他就这样连续辅佐了三位国君。君子说：“季文子是一个廉洁忠诚的人。”

九年（公元前 564 年），鲁国同晋国讨伐郑国。晋悼公在卫国给襄公举行成年仪式，季武子随从，辅助举行仪式。

十一年（公元前 562 年），三桓将鲁国的军队分为三军。

十二年（公元前 561 年），朝拜晋国。十六年（公元前 557 年），晋平公即位。二十一年（公元前 552 年），朝见晋平公。

二十二年，孔丘出生。

二十五年（公元前 548 年），齐国的崔杼杀了他的国君齐庄公，拥立他的弟弟景公为国君。

二十九年（公元前 544 年），吴国的延陵季子出使鲁国，考察周乐，完全了解了周乐的含义，鲁国人很敬重他。

三十一年（公元前 542 年）六月，襄公去世。这年九月，太子去世。鲁国人立齐归的儿子裯为国君，这就是昭公。

昭公十九岁，童心未泯。大夫穆叔不想立他为国君，说：“太子去世，可以立同母弟弟，没有同母弟弟就立庶弟中年长的，年龄如果相同就选择贤能的人，如果一样贤能就占卜决定立谁为国君。现在裯不是嫡系继承人，况且守丧期间，

心里不悲戚反而有喜色，如果真立他，一定会成为季氏的祸患。”季武子不听，终于立他为君。到举行襄公葬礼时，裯三次更换丧服。君子说：“这个人将不得善终。”【38】

昭公三年（公元前539年），朝拜晋国到了黄河，晋平公辞谢，让昭公回去，鲁国感到耻辱。四年（公元前538年），楚灵王在申邑同诸侯会盟，昭公声称有病不参加。七年（公元前535年），季武子去世。八年（公元前534年），

楚灵王建成了章华台，召昭公前往。昭公前往庆贺，楚灵王赐给昭公珍宝器物，过后后悔，又骗了回去。十二年（公元前 530 年），昭公朝拜晋国到了黄河，晋平公辞谢让他回去。十三年（公元前 529 年），楚国公子弃疾杀死了他的国君楚灵王，代立为楚王。十五年（公元前 527 年），朝拜晋国，晋国留下昭公参加晋昭公的葬礼，鲁国感到耻辱。二十年（公元前 522 年），齐景公和晏子在鲁国边境狩猎，顺便到鲁国询问礼制。二十一年（公元前521年），朝拜晋国，到了黄河，晋君辞谢，让昭公回去。

二十五年（公元前517年）春天，鸜鹆（qú yù）飞来筑巢。大夫师己说：“文公、成公时的童谣说：‘鸜鹆来筑巢，国君在乾侯。鸜鹆进入鲁国，国君在郊野。’”【39】

季平子与郈昭伯斗鸡，季平子在鸡的羽毛上撒上芥末，郈昭伯给鸡爪子套上金钩。季平子发怒，侵占郈昭伯的土地，郈昭伯也生季平子的气。臧昭伯的弟弟臧会诬陷臧氏，躲在季平子家，臧昭伯把季平子的家人囚禁起来。季平子发怒，把臧氏的家臣关了起来。臧氏、郈氏把纷乱告诉昭公。昭公在九月戊戌日讨伐季氏，进了季氏家，季平子登上高台请求道：“您因为谗言，不了解情况就要惩罚我，请允许我出奔沂水。”昭公不答应。请求把他关在鄪邑，也不答应。请求允许他带着五辆车流亡，还是不答应。大臣子家驹说：“您还是答应吧，季氏独揽政权已经很久了，季氏党羽众多，众人将要联合起来对付你。”昭公不听。郈氏说：“一定要杀了他。”叔孙氏的家臣戾对他的属下们说：“没有季氏和有季氏，哪个更有利？”都说：“没有季孙氏就没有叔孙氏。”戾说：“好，救季氏去！”于是打败了昭公的军队。大夫孟懿子听说叔孙氏得胜，也杀了郈昭伯。郈昭伯替昭公出使，所以被孟氏扣留并杀死。三家一起攻打昭公，昭公因此逃出国。己亥日，昭公到了齐国，齐景公说：“请让我献上二万五千家款待您。”子家说：“抛弃周公创下的基业做齐的臣下，可以吗？”于是昭公没有接受。子家说：“齐景公没有信义，不如早点去晋国。”昭公不听。叔孙拜见昭公回来，

去见季平子，季平子叩头。起初想接昭公回来，孟孙、季孙两家后悔，就作罢了。

二十六年（公元前 516 年）春天，齐国讨伐鲁国，攻占了郓邑，让昭公住在那里。夏天，齐景公准备送昭公回鲁国，命令护送的人不要接受鲁国的财物。季氏的家臣申丰、汝贾答应给齐国的大臣高龁、子将粟米八万斗。子将对齐侯说："鲁国大臣们不能服侍鲁君，这很奇怪啊！宋元公为鲁国的事到晋国去，求助晋侯送昭公回国，不料却死在路上。叔孙昭子请求让昭公回国，却没有病就死了。不知是上天抛弃了鲁国，还是鲁君得罪了鬼神？希望您暂且等一等。”齐景公听从了。

二十八年（公元前 514 年），昭公去晋国，请求晋君护送他回国，季平子和晋国的六卿有私交，六卿受了季氏的贿赂，劝谏晋君，晋君只好作罢，让昭公居住在乾侯。【40】二十九年（公元前 513 年），昭公到了郓邑。齐景公派人送给昭公一封书信，自称“主君”。昭公感到耻辱，生气又回到了乾侯。三十一年（公元前 511 年），晋国想送昭公回国，召来季平子。季平子穿着布衣赤着脚走路，通过六卿向晋君谢罪。六卿为他说话：“晋国虽然想送昭公回去，但是鲁国的多数人不同意。”晋国人只好作罢。三十二年（公元前 510 年），昭公死在乾侯。鲁国人共同拥立昭公的弟弟宋为国君，这就是鲁定公。

定公继位，赵简子问史墨：“季氏要灭亡了吗？”史墨回答说：“不会灭亡。季友对鲁立有大功，受封鄪邑做了上卿，到了季文子、季武子，代代扩大家业。鲁文公去世，东门遂（即襄仲）杀嫡子立庶子为君，鲁国的国君从此失去了国家政权。政权落到了季氏手中，到今天已经经历了四位国君了。百姓不了解国君，国君凭什么得到国家政权？因此做国君一定要慎重掌握官职和爵位，不能够随便给别人。”

定公五年（公元前 505 年），季平子去世。阳虎出于私愤，囚禁了季桓子，季桓子与他订立盟约，才被释放。七年（公元前 503 年），齐国攻打鲁国，夺取了郓邑，给鲁国的阳虎做封邑，让他参与政事。八年（公元前 502 年），阳虎想把三桓的嫡子都杀掉，而改立与他友善的庶子来代替三桓。把季桓子装上车想要杀掉他，季桓子使计才得以脱险。三桓共同攻打阳虎，阳虎逃到阳关，住在那里。九年（公元前501年），鲁国讨伐阳虎，阳虎逃到齐国，不久又逃到晋国的赵氏那里。

十年（公元前500年），鲁定公与齐景公在夹谷会盟，孔子主持仪式。齐国想袭击鲁定公，孔子依照礼节走上台阶，杀了齐国演奏淫乱乐曲的人，齐侯害怕了，只得作罢，归还了侵占的鲁国土地，表示道歉。十二年（公元前498年），派仲由拆除三桓的城墙，收缴他们的盔甲兵器。孟氏不肯拆除城墙，定公派兵攻打他，没有取胜就作罢了。季桓子接受了齐国送来的歌姬舞女，孔子气得离开了鲁国。

十五年（公元前495年），定公去世，儿子将继位，这就是哀公。

哀公五年（公元前490年），齐景公去世。六年（公元前489年），齐国的田乞杀了他的国君孺子。

七年（公元前488年），吴王夫差强大，攻打齐国，到了缯邑，要向鲁国索取一百套猪、牛、羊。季康子派子贡劝说吴王和太宰嚭，用周礼贬斥他们。【41】吴王说：“我是文身的野蛮人，不值得用周礼来责问。”就作罢了。

八年（公元前487年），吴国替邹国讨伐鲁国，兵临城下，订立盟约之后才离开。齐国攻打鲁国，夺走了三个邑。十年（公元前485年），攻打齐的南部边界。十一年（公元前484年），齐攻打鲁国。季氏任用冉有[1]立下了功劳，思念孔子，孔子从卫国回到鲁国。

---

① 冉有：冉求，字子有，鲁国人。孔子弟子，为季氏宰。

十四年（公元前 481 年），齐国的田常在徐州杀死齐简公。孔子请求讨伐齐国，哀公不听。十五年（公元前 480 年），派大夫子服景伯出使，子贡作为副使到了齐国，齐国归还了侵占鲁国的土地。田常刚当相国，想和诸侯搞好关系。

十六年（公元前 479 年），孔子去世。

二十二年（公元前 473 年），越王勾践消灭了吴王夫差。

二十七年（公元前 468 年）春天，季康子去世。夏天，哀公担心三桓作乱，准备借助诸侯之力来制服他们，三桓也担心哀公对他们发难，因此君臣之间有很多隔阂。哀公在陵阪游历，在街上遇到了孟武伯，问：“请问我是否能够善终？”回答说：“不知道。”哀公想借助越国攻打三桓。八月，哀公去有山氏那里。三桓攻打哀公，哀公逃到卫国，又离开卫国到了邹国，最后到了越国。鲁国人又把哀公接回来，在有山氏家去世。他的儿子宁继位，这就是悼公。

悼公时，三桓强大，鲁君像小诸侯一样，比三桓家族要卑微。

十三年（公元前 454 年），韩、赵、魏灭掉了智伯，瓜分了他的土地。

三十七年（公元前 429 年），悼公去世，儿子嘉继位，这就是元公。元公在位二十一年（公元前 446 年）去世，儿子显继位，这就是穆公。穆公在位三十三年（公元前 377 年）去世，儿子奋继位，这就是共公。共公在位二十二年（公元前 353 年）去世，儿子屯继位，这就是康公。康公在位九年（公元前 344 年）去世，儿子匽继位，这就是景公。景公在位二十九年（公元前 315 年）去世，儿子叔继位，这就是平公。这时六国都已称王。

平公十二年（公元前 303 年），秦惠王去世。二十年（公元前 296 年），平公去世，儿子贾继位，这就是文公。文公元年（公元前 296 年），楚怀王死在秦国。二十三年（公元前 273 年），文公去世，儿子雠继位，这就是顷公。

顷公二年（公元前 271 年），秦攻占了楚国的郢都，楚顷襄王东迁到陈。十九年（公元前 254 年），楚攻打鲁国，

夺取了徐州。二十四年（公元前 249 年），楚考烈王灭掉了鲁国，顷公出逃，迁到下邑，成了平民，鲁国的祭祀断绝了。顷公死在柯邑。

鲁国从周公到顷公，一共三十四代。

太史公说：我听孔子称道："鲁国的道德衰微太厉害了，只洙水、泗水间的人们会为了一点小事激烈争吵。"【42】

看看庆父和叔牙、闵公的时候，多么纷乱啊！隐公、桓公时的事情，襄仲杀嫡子立庶子为君，三桓面朝北做臣下，竟亲自攻打昭公，昭公因而出逃，至于揖让的礼节人们倒是依从了，但他们行事怎么那么暴戾呢？

知识拓展

吐哺握发

释义：吃饭时多次吐出口中的食物，洗头时多次把头发握在手中。比喻为了招揽人才而操心忙碌。

出处：《史记·鲁周公世家》：“然我一沐三捉发，一饭三吐哺，起以待士，犹恐失天下之贤人。”

史记卷三十四

燕召公世家

扫描二维码
阅读本篇原文

召公奭　燕王哙　燕昭王　燕惠王　乐毅　燕王喜　太子丹　荆轲

召公奭和周王室同姓，姓姬，周武王消灭了商纣王后，把召公封在北燕[1]。

在周成王时，召公位居三公：从陕地以西，由召公主管；从陕地以东，由周公主管。周成王年幼，周公代理政事，统治国家，登天子位。召公怀疑周公，写了《君奭》，表达对周公不满。周公于是说："商汤时有伊尹功劳高至九天；在太戊（即殷中宗）时，则有像伊陟、臣扈这样的贤臣，功劳感通上帝，巫咸治理殷王的家事也治理得很好；在祖乙时，有巫贤时这样的贤臣；在武丁时，则有甘般这样的贤臣：这些贤臣，都立有可以传之后世的功业，安定治理了殷朝。"召公这才高兴。

召公治理陕地以西的地方，很得千百万人民拥戴。召公巡视乡村城邑，有一棵棠树，召公在树下判决案件处理政务。从侯伯到普通百姓，各得其所，没有失职的。【43】召公去世，人民怀念召公的德政，思念棠树下过去的情景，不敢砍伐棠树，写了《甘棠》歌颂它。【44】

从召公往下九代，传到了惠侯。燕惠侯在位期间，正值周厉王逃奔到彘、大臣们共同执政的时候。

---

① 北燕：当时有南燕，因此以北燕加以分别。

惠侯去世，儿子釐侯继位。这年，周宣王刚继位。釐侯二十一年（公元前806年），郑桓公刚被封在郑。三十六年（公元前791年），釐侯去世，儿子顷侯继位。

顷侯二十年（公元前771年），周幽王淫乱，被犬戎杀死。秦开始列为诸侯。

二十四年（公元前767年），顷侯去世，儿子哀侯继位。哀侯二年（公元前765年）去世，儿子郑侯继位。郑侯

三十六年（公元前 729 年）去世，儿子穆侯继位。

穆侯七年（公元前 722 年），正当鲁隐公元年。穆侯十八年（公元前 711 年）去世，儿子宣侯继位。宣侯十三年（公元前 698 年）去世，儿子桓侯继位。桓侯七年（公元前 691 年）去世，儿子庄公继位。

庄公十二年（公元前 679 年），齐桓公开始称霸。十六年（公元前 675 年），燕国同宋国、卫国一起攻打周惠王。

惠王出逃到温地，拥立惠王的弟弟姬穨[1]为周王。十七年（公元前 674 年），郑国抓住了燕仲父，把惠王护送到了周复位。二十七年（公元前 664 年），山戎侵犯燕国，齐桓公援救燕国，北伐山戎后撤回。燕君送齐桓公出了燕国的国境，齐桓公把燕君所到的齐国的地方割让给燕国，让燕国和齐国共同向周天子进贡，像成周时一样，让燕重兴召公的德政、法度。三十三年（公元前 658 年），庄公去世，儿子襄公继位。

襄公二十六年（公元前 632 年），晋文公在践土举行会盟，称霸诸侯。三十一年（公元前 627 年），秦国的军队在崤山被打败。三十七年（公元前 621 年），秦穆公去世。四十年（公元前 618 年），襄公去世，桓公继位。

桓公十六年（公元前 602 年）去世，宣公继位。宣公十五年（公元前 587 年）去世，昭公继位。昭公十三年（公元前 574 年）去世，武公继位。这年晋国消灭了郤锜（qí）、郤犨（chōu）、郤至三位大夫。

武公十九年（公元前 555 年）去世，文公继位。文公六年（公元前 549 年）去世，懿公继位。懿公元年（公元前 548 年），齐国的崔杼弑杀了他的国君齐庄公。四年（公元前 545 年），懿公去世，儿子惠公继位。

惠公元年（公元前 544 年），齐国的高止来投奔。六年（公元前 539 年），惠公有很多宠幸的大臣，惠公想除去大夫们而起用宠臣宋。大夫们共同杀了宋，惠公害怕，逃到齐国。【45】第四年，齐国的高偃去晋国，请求共同讨伐燕国，送燕君回国。晋平公答应了，与齐国一起讨伐燕国，送惠公回国。惠公到

① 姬穨：惠王的弟弟，一说是釐王的弟弟。

了燕国就死了，燕国拥立了悼公。

悼公七年（公元前 529 年）去世，共公继位。共公五年（公元前 524 年）去世，平公继位。晋国的公室地位卑微，六卿力量开始强大。平公十八年（公元前 506 年），吴王阖闾攻破楚国进入郢都。十九年（公元前 505 年），平公去世，简公继位。简公十二年（公元前 493 年）去世，献公继位。晋国赵鞅在朝歌包围了范氏、中行氏。

献公十二年（公元前 481 年），齐国的田常弑杀了他的国君齐简公。十四年（公元前 479 年），孔子去世。二十八年（公元前 465 年），献公去世，孝公继位。

孝公十二年(公元前 453 年),韩、魏、赵三家消灭了智伯，瓜分了他的封地，三晋强大起来。

十五年（公元前 450 年），孝公去世，成公继位。成公十六年（公元前 433 年）去世，湣公继位。湣公三十一年（公元前 403 年）去世，釐公继位。这年，韩、魏、赵列为诸侯。

釐公三十年（公元前 373 年），在林营打败了齐国，釐公去世，桓公继位。桓公十一年（公元前 362 年）去世，文公继位，这年，秦献公去世，秦国更强大了。

文公十九年（公元前 343 年），齐威王去世。二十八年（公元前 334 年），苏秦初次来朝见，游说文公。文公给苏秦车马金帛，让他到赵国，赵肃侯任用他。苏秦就联合六国，他做了合纵策略的主导者。秦惠王把他的女儿嫁给燕太子做妻子。

二十九年（公元前 333 年），文公去世，太子继位，这就是易王。

易王刚继位，齐宣王趁燕国有丧事攻打燕国，夺取了十座城。苏秦游说齐国，让齐又归还燕国十座城。十年（公元前 323 年），燕国国君称王。苏秦同燕文公的夫人私通，害怕被杀，就游说易王让他出使齐国，为燕国施行反间计，企图以此来搞乱齐国。易王在位十二年去世，儿子燕王哙继位。

燕王哙继位后，齐国人杀了苏秦。苏秦在燕国时，与燕相子之结为亲家。苏代与子之有交往，到苏秦死后，齐宣王又起用苏代。燕王哙三年（公元前 318 年），同楚国、三晋攻打秦国，没有取胜就撤回来了。子之做燕国的相国，位高权重，掌握决策权。苏代替齐国出使燕国，燕王问："齐王怎么样？"回答说："必定不能称霸。"燕王问："为什么？"苏代说："不信任他的大臣。"苏代想以此刺激燕王，使子之更加受尊重。因此燕王大为信任子之，子之因而赠给苏代一百镒黄金，任他使用。

鹿毛寿①对燕王说："不如把国家让给相国子之。人们称尧为贤君，因为他把天下让给许由，许由不接受，尧拥有了让天下的名声，实际上却没有失去天下。现在大王把国家让给子之，子之一定不敢接受，这样大王和尧就有同样的德行了。"燕王因此把国家托付给子之，子之权势大为尊贵。有人说："大禹推荐益为继承人，后来却用启的部下做官，禹老了，认为不能够把天下托付给启，便把天下传给了益。后来，启与党羽攻击益，夺取了天下。天下人认为禹名义上把天下传给益，后来实际上让启自己夺取了天下。现在大王说是把天下托付给子之，而官吏都是太子的臣下，这就是名义上把天下托付给子之而实际上是太子在主持国事。"燕王哙因而把俸禄三百石以上的官吏的印收起来交给子之。子之面南背北履行国君的权力，燕王哙年老不理朝政，反而做了臣下，国家大事都由子之来裁决。

子之当政第三年，燕国非常混乱，百姓悲痛恐惧。【46】将军市被与太子平密谋，准备攻打子之。齐国的将军们对齐湣王说："趁机前往，一定能攻破燕国。"齐王因而让人对

① 鹿毛寿：一作"潘寿"，人名，姓鹿毛，名寿。

燕太子平说：“我知道太子深明大义，将要废弃私情，主持公道，整饬君臣大义，明确父子的职位。我的国家弱小，不能够效力于您，虽然这样，也一定按太子的命令行事。”太子因此集合同党部属，将军市被包围了公宫，攻打子之，没有攻下。将军市被和百姓反过来攻打太子平，将军市被死了，尸体被示众。这场动乱持续了几个月，死去的人有几万，众人悲痛恐惧，百姓离心。孟子对齐王说：“现在讨伐燕国，

这是周文王、武王当年讨伐商纣那样的时机，不能失去。”齐王因而命令大将章匡率领主力部队，以及北部边境的军队来讨伐燕国。燕国的士兵不抵抗，城门不关闭，燕王哙被杀，齐军大胜。燕国的子之死了两年之后，燕国人共同拥立公子职，这就是燕昭王。

燕昭王在燕国被攻破后即位，用谦卑的态度和丰厚的钱财来招贤才。他对大臣郭隗说：“齐国趁着我的国家内乱袭击攻破了燕国，我深知燕国弱小力量不够，不能够报仇。然而如果真能得到贤人来共同治理国家，来洗刷先王蒙受的耻辱，这就是我的愿望。先生如果发现可以共同治国的人才，我愿意亲自侍奉他。”【47】郭隗说：“大王一定要招揽贤人，就先从我开始吧。如果我能够得到您的重用，何况比我贤能的人呢？他们一定会不远千里来燕国投奔您的。”因此昭王为郭隗改建住宅当老师看待。乐毅[1]从魏国前往，邹衍从齐国前往，剧辛[2]从赵国前往，贤士争着去燕国。燕王哀悼死者，慰问孤寡，与百姓同甘共苦。

二十八年（公元前284年），燕国殷实富强。士兵们愿意打仗，因此就任用乐毅做上将军，与秦国、楚国、三晋共同策划来攻打齐国。齐军失败，湣王出逃在外。燕军独自追击败兵，进入临菑，拿走了齐国的全部宝物，烧掉了齐国的宫室宗庙。齐国没有被攻下的城除了聊、莒、即墨，其余都归属了燕国，长达六年。【48】

昭王三十三年（公元前279年）去世，儿子惠王继位。

惠王做太子时，与乐毅不和，等到继位后，便猜疑乐毅，让骑劫代替乐毅做统帅。乐毅逃到赵国。齐国的田单用即墨的士兵打败了燕军，骑劫战死，燕兵撤回。齐国收复了原来的全部城邑。湣王死在莒，齐国人就立他的儿子做襄王。

惠王七年（公元前272年）去世，韩、魏、楚一起攻打燕国，燕国武成王继位。

武成王七年（公元前265年），齐国田单攻打燕国，攻取了中阳。十三年（公元前259年），秦国在长平打败了

---

① 乐毅：中山国人，战国时著名的军事家。事详见《乐毅列传》。

② 剧辛：赵国人，后为燕国大将。

四十万赵军。十四年（公元前 258 年），武成王去世，儿子孝王继位。

孝王元年（公元前 257 年），秦国围困邯郸的军队离开。三年（公元前 255 年），孝王去世，儿子喜继位。

燕王喜四年（公元前 251 年），秦昭王去世。燕王命令相国栗腹与赵结好，用五百镒黄金为赵王设酒宴。栗腹回来对燕王说：“赵国的壮年人都死在长平了，他们的孤儿还没有成年，可以攻打赵国了。”燕王召来乐毅之子、昌国君乐间问他。乐间说：“赵国是个四面都有强敌的国家，百姓惯于战争，不可攻打。”燕王说：“我用五倍的兵力攻打它。”乐间回答说：“不行。”燕王发怒，大臣们都认为可以攻打赵国。最终调动两支军队，两千辆兵车，栗腹率兵攻打鄗，卿秦攻打代。只有大夫将渠对燕王说：“与赵国来往结好，用五百镒黄金设酒宴招待人家的王。使者一回来反而攻打它，不吉利，出兵不会成功。”燕王不听，自己领着一支接应部队跟在后面。将渠拉着燕王的绶带劝阻说：“大王千万不要亲自出马，去了不会成功的。”燕王用脚踢他。将渠哭着说：“我并非为了自己，我是为了大王啊！”【49】燕军到了宋子，赵国派廉颇领兵，在鄗打败了栗腹的军队，在代打败了卿秦、乐乘的部队。乐间逃奔赵国。廉颇追赶燕军五百多里，包围了燕的都城。燕国人求和，赵国人不答应，一定要将渠来和谈。燕国让将渠做相国来主持和谈，赵国听从了将渠的请求，撤走了围困燕的军队。

六年（公元前 249 年），秦国消灭了东周，设置了三川郡。七年（公元前 248 年），秦国攻取了赵国榆次等三十七座城，秦国设置太原郡。九年（公元前 246 年），秦王嬴政刚即位。十年（公元前 245 年），赵派廉颇攻打繁阳，攻下了。赵孝成王去世，悼襄王继位。悼襄王派乐乘代替廉颇，廉颇不听命令，攻打乐乘，乐乘逃走，廉颇也逃到了魏都大梁。十二年（公元前 243 年），赵国派李牧来攻打燕国，攻占了武遂、方城。剧辛从前居住在赵国，与赵将庞煖（xuān）交好，不久逃到燕国。燕国看到赵国几次被秦国攻击，而且廉颇又离

开了，便让庞煖领兵，想趁赵国虚弱之际攻打它。燕王问剧辛，剧辛说："庞煖容易对付。"燕国让剧辛领兵攻赵，赵国派庞煖迎击，消灭了两万燕军，杀了剧辛。秦国攻下了魏国二十座城，设置东郡。十九年（公元前 236 年），秦国攻下了赵国的邺地等九座城，赵悼襄王去世。二十三年（公元前 232 年），燕太子丹在秦国做人质，逃回了燕国。二十五年（公元前 230 年），秦国俘虏了韩王安，灭了韩国，设置颍川郡。二十七年（公元前 228 年），秦俘虏了赵王迁，灭了赵国。赵国的公子嘉自立为代王。

燕国看到了秦国将要消灭六国,秦国的军队临近了易水，大祸将到燕国。太子丹暗暗地收养了二十位壮士，派荆轲向秦国献督亢地图，趁机暗杀秦王。秦王发觉，杀了荆轲，派将军王翦攻打燕国。二十九年（公元前 226 年），秦国攻取了燕国的蓟城，燕王逃走，迁居辽东，杀了太子丹献给秦国。三十年（公元前 225 年），秦国灭了魏国。

三十三年（公元前 222 年），秦国攻下了辽东，俘虏了燕王喜，终于灭掉了燕国。这年，秦将王贲也俘虏了代王嘉。

太史公说：召公奭真称得上仁德了！连甘棠树人们尚且怀念，何况是他本人呢？燕国在外靠近蛮貉（mò）族，内处齐、晋之间，在强国的中间，燕最弱小，几次差一点灭国。然而国家社稷祭祀延续了八九百年，在姬姓封国中最后灭国，这难道不是由于召公的功德吗？

史记卷三十五

管蔡世家

扫描二维码
阅读本篇原文

管叔鲜　蔡叔度　蔡昭侯　蔡侯齐　曹叔振铎　曹伯阳　公孙彊

管叔鲜、蔡叔度，是周文王的儿子、周武王的弟弟。周武王同母的兄弟有十个人，母亲叫太姒，是周文王的正妻。她的长子叫伯邑考，次子是武王发，三子是管叔鲜，四子是周公旦，五子是蔡叔度，六子是曹叔振铎，七子是成叔武，八子是霍叔处，九子是康叔封，十子是冉季载。冉季载年龄最小。同母兄弟十人中，只有姬发、周公旦贤德，左右辅弼文王，因此文王舍弃伯邑考而立姬发为太子。到文王去世时，姬发继位，这就是武王。伯邑考已经在此前去世了。

武王打败商纣王后，平定天下，册封功臣、兄弟。于是把叔鲜封在管，把叔度封在蔡，两人辅助商纣王的儿子武庚禄父，统治商的遗民。把叔旦封在鲁国做周的相，这就是周公。把叔振铎封在曹，把叔武封在成，把叔处封在霍。康叔封、冉季载年龄都还小，没有得到封赏。

武王去世后，成王年少，周公旦执掌朝政。管叔、蔡叔怀疑周公行事不利于成王，因此挟持武庚发动叛乱。【50】周公旦奉周成王的命令讨伐诛杀了武庚，处死了管叔，流放了蔡叔，给他十辆车，随从徒众七十人。把殷的遗民分为两部分：一部分封给微子启建立宋国，接续殷的祭祀；另一部分封给康叔，让他做卫国的君主，这就是卫康叔。把季载封

在冉。冉季、康叔都有善良的德行，因此周公推举康叔做周的司寇[1]，冉季做周的司空[2]，辅佐成王治理国家，都在天下享有美好的名声。

蔡叔度被流放后死了。他的儿子姬胡因此改变德行，遵循道德顺从善良。周公知道后，就推举姬胡，任用他为鲁国

① 司寇：官名，掌管刑律、纠察等事。

② 司空：官名，掌管工程。

的卿士，鲁国得到了很好的治理。于是周公就报告给成王，又把姬胡封在蔡，来主持蔡叔的祭祀，这就是蔡仲。武王其余的五个兄弟都去了封国，没有人做天子的官吏。

蔡仲去世，儿子蔡伯荒继位。蔡伯荒去世，儿子宫侯继位。宫侯去世，儿子厉侯继位。厉侯去世，儿子武侯继位。武侯时，周厉王失去王位，逃到彘地，大臣们开始共和行政，不少诸侯背叛了周王室。

武侯去世，儿子夷侯继位。夷侯十一年（公元前 827 年），周宣王即位。二十八年（公元前 810 年），夷侯去世，儿子釐侯所事继位。

釐侯三十九年（公元前 771 年），周幽王被犬戎杀害，周王室衰弱向东迁徙。秦国开始列为诸侯。

四十八年（公元前 762 年），釐侯去世，儿子共侯兴继位。共侯二年（公元前 760 年）去世，儿子戴侯继位。戴侯十年（公元前 750 年）去世，儿子宣侯措父继位。

宣侯二十八年（公元前 722 年），鲁隐公继位。三十五年（公元前 715 年），宣侯去世，儿子桓侯封人继位。桓侯三年（公元前 712 年），鲁国人杀了他们的国君鲁隐公。二十年（公元前 695 年），桓侯去世，弟弟哀侯献舞继位。

哀侯十一年（公元前 684 年），当初，哀侯娶陈国的女子为妻，息侯也娶了陈国的女子。息夫人将要回国省亲，经过蔡国，蔡哀侯对她不恭敬。【51】息侯发怒，请求楚文王：“您来攻打息国，我向蔡国求救，蔡一定会来，楚国乘机攻击它，一定可以成功。”楚文王听从了他的话，俘虏了蔡哀侯回国。哀侯滞留楚国九年，死在楚国，一共在位二十年去世。蔡国

【51】

人拥立他的儿子肸继位，这就是穆侯。

穆侯把他的妹妹嫁给齐桓公做夫人。十八年（公元前657年），齐桓公与蔡姬在船中嬉戏，蔡夫人摇晃船，桓公制止她，她不停，桓公生气了，把蔡夫人送回娘家，但没有断绝关系。蔡侯发怒，又把妹妹嫁给了别人。齐桓公发怒，攻打蔡国，蔡军溃败，俘虏了蔡穆侯。齐军向南到了楚国的邵陵。不久诸侯们替蔡国向齐国道歉，齐国放回了蔡侯。

二十九年（公元前 646 年），穆侯去世，儿子庄侯甲午继位。

庄侯三年（公元前 643 年），齐桓公去世。十四年（公元前 632 年），晋文公在城濮打败了楚国。二十年（公元前 626 年），楚国的太子商臣弑杀了他的父亲楚成王，取而代之。二十五年（公元前 621 年），秦穆公去世。三十三年（公元前 613 年），楚庄王继位。三十四年（公元前 612 年），庄侯去世，儿子文侯申继位。

文侯十四年（公元前 598 年），楚庄王攻打陈国，杀死了夏徵舒[①]。十五年（公元前 597 年），楚国包围了郑国，郑国投降楚国，楚国后来又释放了郑伯。二十年（公元前 592 年），文侯去世，儿子景侯固继位。

景侯元年（公元前 591 年），楚庄王去世。四十九年（公元前 543 年），景侯给太子般从楚国娶了个妻子，景侯却同她私通。太子般弑杀了景侯自己登位，这就是灵侯。

灵侯二年（公元前 541 年），楚国的公子围弑杀了他的国王郏敖自立为王，这就是楚灵王。九年（公元前 534 年），陈国的司徒招弑杀了他的国君陈哀公，楚国派公子弃疾灭了陈国据为己有。十二年（公元前 531 年），楚灵王因为灵侯弑杀了他的父亲，把灵侯骗到申，埋伏甲兵，招待他饮酒，趁灵侯喝醉杀了他，还杀了灵侯的士兵七十人。楚灵王让公子弃疾包围了蔡国。十一月，消灭了蔡国，让弃疾做了蔡公。

楚国消灭蔡国三年，楚公子弃疾弑杀了楚灵王，取而代之，这就是楚平王。平王于是找到蔡景侯的小儿子庐，立为

① 夏徵舒：陈国大夫。其母夏姬与陈灵公私通，陈灵公侮辱他，他杀死了陈灵公，取而代之。

国君，这就是蔡平侯。这一年，楚国也恢复了陈国。楚平王初继位，想和诸侯亲近，所以又拥立了陈、蔡的后代。

平侯九年（公元前 522 年）去世，灵侯般的孙子东国攻打平侯的儿子自立为蔡侯，这就是蔡悼侯。悼侯的父亲叫隐太子友。隐太子友是灵侯的太子，平侯继位杀了隐太子，所以平侯去世后隐太子的儿子东国就攻打平侯的儿子取而代之，这就是悼侯。悼侯三年(公元前519 年)去世，弟弟昭侯申继位。

昭侯十年（公元前 509 年），朝见楚昭王，带了两件漂亮的裘皮大衣，把一件献给了昭王，自己穿了一件。楚国的令尹子常想要裘皮大衣，蔡昭侯没有给他。【52】子常诬陷蔡侯，把他留在楚国三年。蔡侯知道原因后，就把他的大衣献给了子常，子常接受了，向楚王进言，才放回蔡昭侯。蔡昭侯回去后去了晋国，请求同晋国一起去攻打楚国。

十三年（公元前 506 年）春天，与卫灵公在邵陵会盟。蔡侯暗中向周王室的大夫苌弘请求记载时把蔡写在卫前边；卫国派史鳝讲述康叔的功德，于是把卫写在了前边。夏天，蔡国替晋国灭了沈国[1]，楚国发怒，攻打蔡国。蔡昭侯让儿子在吴国做人质，以便与吴国一起攻打楚国。冬天，与吴王阖闾攻破了楚国进入郢都。蔡国怨恨子常，子常害怕，逃到郑国。十四年（公元前 505 年），吴军撤回，楚昭王收复了郢都。十六年（公元前 503 年），楚国的令尹为百姓哭泣，准备攻蔡，蔡昭侯非常害怕。二十六年（公元前 493 年），孔子到了蔡国。楚昭王攻打蔡国，蔡国恐慌，向吴国告急。吴国因为蔡国遥远，约定迁徙蔡国都城，靠近吴国，以便容易互相援救。【53】昭侯没同大夫们商量，私下答应了。吴国来救蔡国，接着就把蔡国都城迁到州来邑。二十八年（公元前 491 年），昭侯要去朝见吴王，大夫们担心他又要迁都，就派贼人利刺杀了昭侯，不久又杀了贼人利以推卸罪过，立昭侯的儿子朔为君，这就是成侯。

成侯四年（公元前 487 年），宋国消灭了曹国。十年（公元前 481 年），齐国的田常弑杀了他的国君齐简公。十三年（公

① 沈国：西周分封的诸侯国，姬姓，楚的附庸国。

【53】

元前 476 年），楚国消灭了陈国。十九年（公元前 472 年），成侯去世，儿子声侯产继位。声侯十五年（公元前 457 年）去世，儿子元侯继位。元侯六年（公元前 451 年）去世，儿子侯齐继位。

侯齐四年（公元前 447 年），楚惠王消灭了蔡国，蔡侯齐逃走。蔡国因此断绝了祭祀。比陈国灭亡晚三十三年。

伯邑考的后人不知封在哪里。武王发的后代是周天子，有《周本纪》记载。管叔鲜作乱被处死，没有后代。周公旦的后人是鲁国国君，有《鲁周公世家》记载。蔡叔度的后代是蔡国国君，有《管蔡世家》记载。曹叔振铎的后人是曹国国君，有《管蔡世家》记载。成叔武的后人没有什么记载。霍叔处的后人在晋献公时被灭掉了。康叔封的后代是卫国国君，有《卫康叔世家》记载。冉季载的后人没有什么记载。

太史公说：管蔡作乱，没有什么值得记载的。然而周武王去世后，成王年少，天下人产生了疑虑，仰仗武王同母弟成叔、冉季等十人辅弼，因此诸侯终于尊崇周王室，所以把他们附在世家里记载。

曹叔振铎是周武王的弟弟，武王打败商纣王后，把叔振铎封在曹国。叔振铎去世，儿子太伯脾继位。太伯去世，儿子仲君平继位。仲君平去世，儿子宫伯侯继位。宫伯侯去世，儿子孝伯云继位。孝伯云去世，儿子夷伯喜继位。夷伯二十三年（公元前 842 年），周厉王逃到彘。

三十年（公元前 835 年），夷伯去世，弟弟幽伯彊继位。幽伯九年（公元前 826 年），弟弟苏杀死幽伯取而代之，这就是戴伯。戴伯元年（公元前 825 年），周宣王已继位三年。三十年（公元前 796 年），戴伯去世，儿子惠伯兕继位。

惠伯二十五年（公元前 771 年），周幽王被犬戎杀死，周因而东迁，更加衰微，诸侯背弃周王室。秦国开始列为诸侯。

三十六年（公元前 760 年），惠伯去世，儿子石甫继位，他的弟弟武杀了他取而代之，这就是穆公。穆公三年（公元

【54】

前 757 年）去世，儿子桓公终生继位。

桓公三十五年(公元前 722 年)，鲁隐公继位。四十五年(公元前 712 年)，鲁国人弑杀了他们的国君鲁隐公。四十六年(公元前 711 年)，宋国华父督弑杀了他的国君宋殇公和大夫孔父。五十五年（公元前 702 年），桓公去世，儿子庄公夕姑继位。

庄公二十三年（公元前 679 年），齐桓公开始称霸。

三十一年(公元前 671 年)，庄公去世，儿子釐公夷继位。

鳌公九年（公元前662年）去世，儿子昭公班继位。昭公六年（公元前656年），齐桓公打败了蔡国，趁便到了楚国的召陵。九年（公元前653年），昭公去世，儿子共公襄继位。

共公十六年（公元前637年），当初，晋国的公子重耳流亡经过曹国，曹君没有礼貌，想看他的两根长在一起的肋骨。大夫釐负羁劝阻，曹君不听从，他私下和重耳交好。二十一年（公元前632年），晋文公重耳攻打曹国，俘虏共公而归，命令军队不要进入釐负羁的宗族里巷大门。【54】有人劝晋文公说："从前齐桓公会合诸侯，恢复异姓封国，现在您囚禁曹君，灭同姓封国，凭什么命令诸侯呢？"晋国于是又放回了共公。

二十五年（公元前628年），晋文公去世。三十五年（公元前618年），共公去世，儿子文公寿继位。文公二十三年（公元前595年）去世，儿子宣公彊继位。宣公十七年（公元前578年）去世，弟弟成公负刍继位。

成公三年（公元前575年），晋厉公攻打曹国，俘虏曹成公而归，不久又放了他。五年（公元前573年），晋国的栾书、中行偃派程滑弑杀了他们的国君晋厉公。二十三年（公元前555年），成公去世，儿子武公胜继位。武公二十六年（公元前529年），楚公子弃疾弑杀了他的国君楚灵王取而代之。二十七年（公元前528年），武公去世，儿子平公须继位。平公四年（公元前524年）去世，儿子悼公午继位。这年，宋、卫、陈、郑都发生了火灾。

悼公八年（公元前516年），宋景公继位。九年（公元前515年），悼公朝拜宋国，宋国囚禁了他；曹国立他的弟

弟野为君，这就是声公。悼公死在宋国，送回曹国埋葬。

声公五年（公元前 510 年），平公的弟弟通弑杀了声公取而代之，这就是隐公。隐公四年（公元前 506 年），声公的弟弟露弑杀了隐公取而代之，这就是靖公。靖公四年（公元前 502 年）去世，儿子伯阳继位。

伯阳三年（公元前 499 年），曹国有人做梦，梦见贵族们站在社稷庙中，策划灭亡曹国，曹叔振铎制止他们，请求等待公孙彊，贵族们答应了。第二天早晨，他在曹国寻找，没有公孙彊这个人。做梦的人告诫儿子说：“我死后，你听说公孙彊执政，一定要离开曹国，不要遭受曹国的祸患。”等到伯阳即位，喜欢打猎、射箭这些事。六年，曹国的乡下人公孙彊也喜欢打猎、射箭，猎获了一只白雁献给伯阳，并且谈论田猎射箭的事情，伯阳便向他请教施政的事情。伯阳非常喜欢、宠信他，让他做了司城[1]处理政事。做梦人的儿子于是逃走了。【55】

公孙彊对曹伯谈起称霸的事情。十四年(公元前488年)，曹伯听从了他的话，就背叛晋国攻打宋国，宋景公讨伐曹国，晋国不援救。十五年(公元前487年)，宋国灭了曹国，俘获曹伯阳和公孙彊而归，并杀死他们。曹国因此断了祭祀。

太史公说：我看曹共公不用釐负羁，而有大夫三百人，就知道曹国不树立德政，到后来关于振铎的梦，难道不是想延续曹国的祭祀吗？如果公孙彊不推行他的政令，叔振铎的祭祀哪里会这么快就断绝了呢？

---

① 司城：西周官名，掌管土地、人民，管理天子亲耕的籍田，负责征发徒役。

史记卷三十六

陈杞世家

扫描二维码
阅读本篇原文

陈胡公　陈幽公　陈厉公　陈灵公　陈湣公　杞东楼公

陈胡公妫满是虞帝舜的后代。从前舜还是平民时，尧把两个女儿嫁给他，住在妫水旁，他的后代因而以此作为姓氏，姓妫氏。舜去世后，把天下传给禹，舜的儿子商均被封为诸侯。夏朝时，有时失掉了封国，有时又恢复。到周武王战胜商纣王，才又寻找舜的后人，找到了妫满，把他封在陈，让他主持舜帝的祭祀，这就是胡公。

胡公去世，儿子申公犀侯继位。申公去世，弟弟相公皋羊继位。相公去世，立申公的儿子突为国君，这就是孝公。孝公去世，儿子慎公圉戎继位。慎公在位时，正当周厉王统治时期。慎公去世，儿子幽公宁继位。

幽公十二年（公元前 843 年），周厉王逃到彘。

二十三年（公元前 832 年），幽公去世，儿子釐公孝继位。釐公六年（公元前 826 年），周宣王继位。三十六年（公元前 796 年），釐公去世，儿子武公灵继位。武公在位的第十五年（公元前 781 年）去世，儿子夷公说继位。这年，周幽王继位。夷公在位的第三年（公元前 778 年）去世，弟弟平公燮继位。平公七年（公元前 771 年），周幽王被犬戎杀害，周王室东迁。秦国开始列为诸侯。

二十三年（公元前 755 年），平公去世，儿子文公圉继位。

文公元年（公元前 754 年），娶蔡国的女子为妻，生了儿子佗[①]。十年（公元前754年），文公去世，长子桓公鲍继位。

桓公二十三年（公元前722年），鲁隐公刚继位。二十六年（公元前719年），卫国人杀了他们的国君州吁。三十三年（公元前712年），鲁国人弑杀了他们的国君鲁隐公。

三十八年（公元前707年）正月甲戌日或己丑日，桓公鲍去世。桓公的弟弟佗，他的母亲是蔡国的女子，因此蔡国人替佗杀了五父和桓公的太子免，立佗为国君，这就是厉公。桓公病重，发生内乱，国人分散，因此两次讣告诸侯。[②]

厉公二年（公元前705年），生了儿子敬仲完，周王室的太史经过陈国，陈厉公让他用《周易》占卦，成了《观》卦，变成了《否》卦，周太史说："这是出聘于他国观光，有利于在王室做宾客。这孩子大概要代替陈君享有国家吧？不在这里，莫不是在别的国家？不是他自己，而是在他的子孙身上。若是在别的国家，一定是姜姓国。姜姓是太岳[③]的后代，事物不可能两面都壮大，陈国衰亡后，这孩子大概要昌盛吧？"

厉公娶了蔡国的女子，蔡国的女子同蔡国人淫乱，厉公也多次去蔡国淫乐。七年（公元前700年），被厉公杀害的桓公太子免的三个弟弟：大弟弟叫跃，二弟叫林，小弟叫杵臼，三人一起让蔡国人用美女诱惑厉公，与蔡国人一道杀了厉公，立跃为周君，这就是利公。[④]【56】利公是桓公的儿子。

---

① 佗：《田敬仲完世家》作"他"。

② 此处史实疑误，详见《田敬仲完世家》。

③ 太岳：姜姓的祖先，是尧时四方部落的首领，称为"四岳"。

④ 此处疑误。

利公在位五个月去世，立二弟林为君，这就是庄公。庄公七年（公元前 693 年）去世，小弟杵臼继位，这就是宣公。

宣公三年（公元前 690 年），楚武王去世，楚国开始强大。十七年（公元前 676 年），周惠王娶陈国的女子做王后。

二十一年（公元前 672 年），宣公后来宠幸的妃子生了儿子款，想立他做太子，就杀了太子御寇。御寇一向喜欢厉公的儿子完（即敬仲完），完害怕灾祸降到自己头上，就逃到齐国。齐桓公想让陈完做卿，陈完说："漂泊在外的臣子，有幸免于露宿之苦，这是您的恩惠，不敢再接受高位了。"桓公让他做工正[①]。齐国的懿仲想把女儿嫁给陈完，找人占卜，结果说："凤凰双飞，雌雄鸣声锵锵，相呼相和。妫氏的后代，将在姜姓的国家繁衍，五代之后就能昌盛，位列正卿，八代以后，没有人能和他相比了。"

三十七年（公元前656年），齐桓公攻打蔡国，蔡国失败，向南侵犯楚国，到了召陵，回来时经过陈国。陈国的大夫辕涛涂讨厌齐人经过陈国，欺骗齐人让他们从东边的道路上出境，东边的道路险恶，桓公发怒，抓走了陈国的辕涛涂。这年，晋献公杀掉了他的太子申生。

四十五年（公元前648年），宣公去世，儿子款继位，这就是穆公。穆公五年（公元前643年），齐桓公去世。十六年（公元前632年），晋文公在城濮打败了楚国的军队。这年，穆公去世，儿子共公朔继位。共公六年（公元前626年），楚国的太子商臣杀害了他的父亲成王取而代之，这就是穆王。十一年（公元前621年），秦穆公去世。十八年（公元前614年），共公去世，儿子灵公平国继位。

灵公元年（公元前613年），楚庄王即位。六年（公元前608年），楚国攻打陈国。十年（公元前604年），陈国与楚国讲和。

十四年（公元前600年），灵公与他的大夫孔宁、仪行父都和夏姬私通，他们贴身穿着夏姬的衣服在朝廷上嬉戏。泄冶进谏说："国君、大臣淫乱，百姓仿效什么呢？"灵公

---

① 工正：官名，主管百工。

【57】

把这些话告诉了两位大夫，两位大夫请求杀掉泄冶，灵公不阻止，于是他们就杀了泄冶。十五年（公元前 599 年），灵公与两位大夫在夏氏家饮酒，灵公对两位大夫开玩笑说：“徵舒长得像你们。”两位大夫说：“长得也像您。”徵舒发怒了。灵公喝完酒后出去，徵舒在马房门里埋伏射手射死了灵公。【57】孔宁、仪行父都逃到楚国，灵公的太子午逃到晋国。徵舒自立为陈侯。徵舒原来是陈国的大夫。夏姬是御叔的妻子，徵舒的母亲。

成公元年（公元前 598 年）冬天，楚庄王因为夏徵舒杀了陈灵公，率领诸侯讨伐陈国，对陈国人说："不要惊慌，我只要杀掉徵舒罢了。"杀了徵舒以后，就把陈国设为楚国的一个县，占据了它，大臣们都来庆贺。大夫申叔时出使齐国回来，唯独不去祝贺。庄王问他原因，回答说："俗话说：牵牛践踏人家的田地，田地主人夺走牛。践踏别人的田地当然有错，但因此夺走人家的牛，不也过分了吗？现在大王因为徵舒杀了国君，因此向诸侯征集军队，用道义来讨伐他，过后却夺取陈国，贪图陈国的土地，以后还凭什么号令天下呢？因此我不祝贺。"庄王说："好！"于是从晋国接回了陈灵公的太子午，立他为君，让他像以前一样统治陈国，这就是成公。孔子读历史读到楚国恢复陈国，说："楚庄王贤明啊！他不贪图一个有千辆兵车的国家，却看重一句话！"

八年（公元前 591 年），楚庄王去世。二十九年（公元前 570 年），陈国背叛了同楚国的盟约。三十年（公元前 569 年），楚共王攻打陈国。这年，成公去世，儿子哀公弱继位。楚国因为陈国有丧事，撤走了军队。

哀公三年（公元前 566 年），楚国包围陈国，又解除了包围。二十八年（公元前 541 年），楚国的公子围弑杀了他的国君郏敖自立为王，这就是楚灵王。

三十四年（公元前 535 年），当初，哀公娶郑国的女子为夫人。长姬生了悼太子师，少姬生了偃。还有两位宠妾，长妾生了留，少妾生了胜。留受到哀公的宠爱，哀公把他托付给弟弟司徒招。【58】哀公病重，三月，司徒招杀了悼太

子，立留做太子。哀公发怒，想杀死招。招派兵囚禁了哀公，哀公上吊自杀。招终于立留为国君。四月，陈国派使者去楚国报丧。楚灵王听说陈国内乱，就杀了陈国的使者，派公子弃疾征调部队攻打陈国，陈国国君留逃到郑国。九月，楚国包围了陈国。十一月，消灭了陈国，让公子弃疾做了陈公。

招杀掉了悼太子，太子的儿子叫吴，出逃到晋国。晋平公问太史赵说："陈国快要灭亡了吗？"回答说："陈国是颛顼的后代，陈氏在齐国取得政权，才会最终灭亡。从舜的先人幕到舜的父亲瞽叟，没有人违背天命。舜有英明的德行因而登天子之位，到了遂[①]，世世代代遵守德政。到了胡公，周赐给他姓氏，让他祭祀虞帝舜。况且盛德的圣人的后代，一定会延续百代祭祀。虞舜的后人不会断绝，大概会在齐国兴起吧？”

楚灵王消灭陈国五年后，楚国的公子弃疾杀死灵王取而代之，这就是平王。平王刚刚继位，想与诸侯搞好关系，于是找到陈国从前悼太子师的儿子吴，立他做陈侯，这就是惠公。惠公继位，承接哀公去世的那年开始纪元，陈国的君位已经空出了五个年头。

十年（公元前 524 年），陈国发生火灾。十五年（公元前 519 年），吴王僚派公子光攻打陈国，夺取胡、沈后离去。二十八年（公元前 506 年），吴王阖闾与伍子胥打败楚军进入郢都。这年，惠公去世，儿子怀公柳继位。

怀公元年，吴攻破了楚国，驻在郢都，召陈侯怀公前往。怀公准备去，大夫说：“吴国刚刚称心如意，楚王虽然流亡，但与陈国有旧交，不能够背叛他。”【59】怀公于是称病辞谢了。四年，吴国又召怀公前往，怀公害怕了，前往吴国，吴国因为他上次不去而生气，扣留了他，怀公因而死在了吴国。陈国就立怀公的儿子越为国君，这就是湣公。

湣公六年（公元前 496 年），孔子到了陈国[②]，吴王夫差

① 遂：舜的后代，殷商时受封。

② 根据《孔子世家》记载，孔子在从卫国来陈国的途中被围于匡邑，而后返回了卫国，因此孔子并未到达陈国。

讨伐陈国，夺取了三个城邑离开。十三年（公元前 489 年），吴国又来攻打陈国，陈国向楚国告急，楚昭王来援救，驻军于城父，吴军离去。这年，楚昭王在城父去世。当时孔子在陈国。十五年（公元前 487 年），宋国消灭了曹国。十六年（公元前 486 年），吴王夫差攻打齐国，在艾陵打败了齐军，派人召陈侯前往。陈侯害怕，到吴国去。楚国攻打陈国。二十一年（公元前 481 年），齐国的田常杀了齐简公。

二十三年（公元前 479 年），楚国的白公胜杀死了令尹子西、子綦（qí），袭击楚惠王。叶（shè）公打败了白公，白公自杀了。

二十四年（公元前 478 年），楚惠王恢复了统治，率兵北伐，杀死了陈湣公，灭了陈国据为己有。这年，孔子去世。

杞国东楼公是夏禹的后裔。商朝时，夏禹的后代有时受封，有时断了封赏。周武王战胜商纣王后，寻找大禹的后代，找到了东楼公，把他封在杞，让他主持夏后氏的祭祀。

东楼公生了西楼公，西楼公生了题公，题公生了谋娶公。谋娶公正当周厉王时。谋娶公生了武公。武公在位四十七年去世，儿子靖公继位。靖公在位二十三年去世，儿子共公继位。共公在位八年去世，儿子德公继位。德公在位十八年去世，弟弟桓公姑容继位。桓公在位十七年去世，儿子孝公匄继位。孝公在位十七年去世，弟弟文公益姑继位。文公在位十四年去世，弟弟平公郁继位。平公在位十八年去世，儿子悼公成继位。悼公在位十二年去世，儿子隐公乞继位。七个月后，隐公的弟弟遂杀了隐公自立为国君，这就是釐公。釐公在位十九年去世，儿子湣公维继位。湣公十五年（公元前 479 年），楚惠王消灭了陈国。十六年（公元前 478 年），湣公的弟弟阏路杀死了湣公代立为国君，这就是哀公。哀公在位十年去世，湣公的儿子敕继位，这就是出公。出公在位十二年去世，儿子简公春继位。简公在位一年时，正是楚惠王四十四年（公元前 445 年），楚国消灭了杞国。杞国比陈国晚三十四年灭亡。

杞国弱小，它的事情不值得记述。

舜的后代，周武王封给他陈国，到楚惠王时消灭了陈，有《陈杞世家》记载。禹的后代，周武王封给他杞国，楚惠王消灭了它，有《陈杞世家》记载。契的后代是殷商，殷商有《殷本纪》记载。殷商被灭后，周把它的后人封在宋，齐湣王消灭了它，有《宋世家》记载。后稷的后代是周人，秦昭王消灭了它，有《周本纪》记载。皋陶的后代有的封在英、六两地，楚穆王灭了它，没有谱系记载。伯夷的后代，到了周武王时又封在齐国，叫太公望，陈氏灭了它，有《齐世家》记载。伯翳的后代，到周平王时被封为秦，项羽灭了它，有《秦本纪》记载。垂、益、夔、龙，他们的后代不知封在哪里，没有见到记载。以上十一人，都是尧舜时有名望功德的大臣，其中五人的后代都位至帝王，其余的都成为显赫的诸侯。滕、薛、驺，是夏、商、周时的封国，国家小，不足以与其他诸侯相提并论，就不赘述了。

周武王时，侯伯还有一千多人。到了幽王、厉王以后，诸侯们用武力互相攻打兼并。江、黄、胡、沈等封国，不可胜数，因此不采用写入史传。

太史公说：舜的德行可称得上到了极致！把帝位禅让给禹，而后代祭祀历经三代，到楚国灭陈国，田常夺取了齐的国政，终于建立了国家，经历百代都不断绝，后代兴旺，封为诸侯的不乏其人。至于禹的后人，在周时后代被封在杞，国家很小，不值得称道。楚惠王灭了杞国，而禹的后代越王勾践兴起了。[①]

---

① 此处疑误，越灭吴在楚灭杞之前。

史记卷三十七

卫康叔世家

扫描二维码
阅读本篇原文

康叔　庄公　宣公　太子伋　献公　灵公　蒯聩　君角

卫康叔的名字叫封，是周武王的同母小弟弟。他下边还有冉季，冉季年龄最小。

武王战胜商纣王之后，又把商的遗民封给纣王的儿子武庚禄父，地位和诸侯相同，让他主持商的祖先的祭祀，不使祭祀断绝。因为武庚还没有归顺，担心他有贼心，武王就命令他的弟弟管叔、蔡叔管教和辅助武庚禄父，以安抚商的百姓。武王去世之后，成王年少。周公姬旦代理成王统治，执掌政权。管叔、蔡叔怀疑周公，就与武庚禄父发动叛乱，准备攻打成周。周公旦用成王的命令调集军队讨伐殷人的叛乱，杀死了武庚禄父、管叔，流放了蔡叔，把武庚统治的商代遗民封给康叔，康叔做了卫君，居住在黄河、淇水之间的商的旧地。

周公旦担心康叔年少，就反复告诫康叔说："一定要访求商的贤人、君子、长者，询问他们从前商兴起的原因、灭亡的原因，尽力爱护百姓。"【60】告诉他商纣王之所以灭亡是因沉湎于酒，贪酒误国，专宠女人，因此纣的祸乱从此开始。周公写了《梓材》，指示君子可以从此取法。作《康诰》《酒诰》《梓材》，用这些来教育康叔。康叔到了封国，就用这些来做宗旨，能够使百姓和睦安定，百姓大为高兴。成王长大了，处理政事，用康叔做周的司寇，赐给卫国宝物

及祭祀用的器皿，以表彰他的德行。

康叔去世，儿子康伯继位。康伯去世，儿子考伯继位。考伯去世，儿子嗣伯继位。嗣伯去世，儿子㨗（jiě）伯继位。㨗伯去世，儿子靖伯继位。靖伯去世，儿子贞伯继位。贞伯去世，儿子顷侯继位。

顷侯送给周夷王丰厚的财物，夷王封卫为侯国。顷侯在位十二年去世，儿子釐侯继位。

釐侯十三年（公元前 847 年），周厉王出逃到彘，周公和召公共和行政。二十八年（公元前 827 年），周宣王继位。

四十二年（公元前 813 年），釐侯去世，太子共伯馀继位为卫君。共伯的弟弟和受到釐侯的宠爱，釐侯给了他很多财物，和把这些财物送给士卒，在釐侯的墓上袭击共伯，共伯逃进釐侯的墓道自杀了。【61】卫国人因而把他葬在釐侯的墓旁，谥号为共伯，立和为卫侯，这就是武公。

武公即位后，重兴康叔的德政，百姓亲附。四十二年（公元前 771 年），犬戎杀死了周幽王。武公带兵去帮助周王室平定戎患，功勋卓著。周平王任命武公为公爵。五十五年（公元前 758 年），武公去世，儿子庄公扬继位。

庄公五年（公元前 753 年），娶齐国的女子做夫人，齐夫人美丽但没有儿子。又娶陈国的女子做夫人，生了儿子，很早就死了。陈国女子的妹妹也受到了庄公的宠幸，生了儿子完。完的母亲死了，庄公让齐夫人把他当儿子养育，立他做太子。庄公有一个爱妾，生了儿子州吁。十八年（公元前 740 年），州吁长大了，喜欢军事，庄公让他带兵，石碏（què）劝谏庄公："庶子州吁喜欢打仗，让他带兵，祸乱会从此兴起。"庄公不听劝谏。二十三年（公元前 735 年），庄公去世，太子完继位，这就是桓公。

桓公二年（公元前 733 年），弟弟州吁骄奢，桓公贬黜了他，州吁出逃。十三年（公元前 722 年），郑伯的弟弟段攻打他哥哥，没有获胜，流亡了，州吁请求和他交好。十六年（公元前 719 年），州吁纠集了卫国流亡的人袭击杀死了桓公，自立为君。州吁为郑伯的弟弟段准备攻打郑国，请求宋国、陈国、蔡国和卫国一齐讨伐，三国都答应了州吁。州吁刚继位，喜欢打仗，杀死了桓公，卫国人都不喜欢他。石碏就利用桓公的母亲家在陈国，装作和州吁交好。到了郑国的郊野，石碏与陈侯共同策划，让右宰丑给州吁送食物，趁机在濮地杀死了州吁。从邢国接回了桓公的弟弟晋，立为国君，这就是宣公。

宣公七年（公元前 712 年），鲁国人弑杀了他们的国君

隐公。九年（公元前710年），宋督弑杀了他的国君殇公以及大司马孔父。十年（公元前709年），晋国的曲沃庄伯弑杀了他的国君晋哀侯。

十八年（公元前710年），当初，宣公宠爱夫人夷姜，夷姜生了儿子伋，立他做太子，让右公子辅佐他。右公子替太子迎娶齐国的女子，还没有举行婚礼，宣公见到将成为太子妃的女子貌美，喜欢她，便自己娶了她，改替太子娶了别的女子。宣公娶了齐国的女子，生了子寿、子朔，让左公子辅佐他们。太子的母亲去世，宣公立齐女为夫人和朔一起谗毁太子。宣公因为自己夺走了太子的妻子，心里讨厌太子，想废黜他。等到听到太子的坏话，大为恼怒，就派太子伋出使齐国而让强盗在边界上拦截太子并杀死他。宣公给太子白旄，却告诉边界上的强盗看见手执白旄的人就杀死他。【62】太子将要出发时，子朔的哥哥子寿，是太子的异母弟弟，知道子朔谗毁太子以及宣公准备杀死他，就对太子说："边界上的强盗看见太子手拿白旄，就要杀死太子。太子不要去。"太子说："违背父亲的命令求得生路，不可以啊！"于是出发了。子寿见太子不听劝阻，就偷了他的白旄抢先到了边界。边界上的强盗看到他的标志正符合，就杀了他。子寿已经死了，而太子伋又到了，对强盗说："你们应该杀的人是我。"强盗一并杀了太子伋，以此回报宣公。宣公因而立子朔为太子。十九年（公元前 700 年），宣公去世，太子朔继位，这就是惠公。

左、右公子不满子朔继位，惠公四年（公元前 696 年），左、右公子痛恨惠公谗毁杀害前太子伋取而代之，因此发动叛乱，攻打惠公，拥立太子伋的弟弟黔牟为国君，惠公逃到齐国。

卫君黔牟继位八年（公元前 688 年），齐襄公奉周天子的命令率领诸侯共同攻打卫国，送卫惠公回国，杀死了左、右公子。卫君黔牟逃到周，惠公再次登位。惠公即位三年流亡，流亡八年又回到了卫国，与前面加起来一共十三年。二十五年（公元前 675 年），惠公怨恨周王室容留黔牟，与燕国一起攻打周王室。周惠王逃到温，卫国、燕国拥立惠王的弟弟

颓为周天子。二十九年（公元前 671 年），郑国又送周惠王回来。三十一年（公元前 669 年），惠公去世，儿子懿公赤继位。

懿公继位后，喜欢鹤，荒淫无道，贪求享乐，生活奢侈。九年（公元前 660 年），翟人攻打卫国，卫懿公准备征发军队，有的军队背叛他。大臣说："国君喜欢鹤，可以让鹤去抗击翟人。"翟人因此就攻进来了，杀死了卫懿公。【63】懿公继位时，百姓大臣们都不服从。从懿公的父亲惠公朔谗毁杀害太子伋代立为君到懿公，百姓大臣们经常想推翻他，终于灭了惠公的后人改立黔牟的弟弟、昭伯顽的儿子申为国君，这就是戴公。

戴公申元年（公元前 660 年）去世。齐桓公因为卫国多次战乱，就率领诸侯攻打翟人，替卫国筑了楚丘，立戴公的弟弟燬为卫君，这就是文公。文公因为战乱的缘故逃到齐国，齐国人送他回国为君。

当初，翟人杀死了卫懿公，卫国人怜悯他，想再立宣公以前的太子伋的后人为国君，伋的儿子又死去了，而代替伋死去的子寿又没有儿子。太子伋的同母弟弟有两人：其中一个叫黔牟，黔牟曾代惠公做国君，八年后又离开了卫国；另一个叫昭伯。昭伯、黔牟都已经在此前去世了。因此立昭伯的儿子申为戴公。戴公去世，又立他的弟弟燬为文公。文公刚刚继位，就减轻赋税，刑罚公正，亲自劳作，和老百姓同甘共苦，以此来收拢卫国的民众。十六年（公元前 644 年），晋国的公子重耳逃亡经过卫国，卫君对他没有礼貌。十七年（公元前 642 年），齐桓公去世。二十五年（公元前 635 年），文公去世，儿子成公郑继位。

成公三年（公元前 632 年），晋国想借道卫国援救宋国，成公不答应。晋国改道从南河渡河而过，援救宋国。晋国从卫国征用军队，大夫们准备答应，成公不答应。大夫元咺（xuān）攻打成公，成公出逃。晋文公重耳讨伐卫国，把卫国的土地分给宋国，惩罚前次经过时卫国对他无礼以及不肯援救宋国。卫成公因此出逃到陈国。两年后，卫成公到周王室，

请求送他回卫国，同晋文公会面。晋国派人用鸩酒谋害卫成公，成公贿赂周王室掌管鸩酒的人，让他少放些毒药，因此得以不死。不久，周王室替他向晋文公请求，终于把他送回了卫国，杀死了元咺，卫君瑕出逃。七年（公元前 628 年），晋文公去世。十二年（公元前 623 年），成公朝拜晋襄公。十四年（公元前 621 年），秦穆公去世。二十六年（公元前 609 年），齐国的大夫邴（bǐng）歜（chù）弑杀了他的国君懿公。三十五年（公元前 600 年），成公去世，儿子穆公遬（chì）继位。

穆公二年（公元前 598 年），楚庄王攻打陈国，杀死了夏徵舒。三年（公元前 597 年），楚庄王包围郑国，郑伯投降，又释放了他。十一年（公元前 589 年），孙良夫援救鲁国，讨伐齐国，又夺回了被侵占的地方。穆公去世，儿子定公臧继位。定公十二年（公元前 577 年）去世，儿子献公衎（kàn）继位。

献公十三年（公元前 564 年），献公命令师曹教宫女弹琴，宫女学不会，师曹鞭打她。【64】宫女因为受宠在献公面前说师曹的坏话，献公也打了师曹三百下。十八年（公元前 559 年），献公请孙文子、甯（nìng）惠子吃饭，他们都去了，天晚了还没有请他们去，献公却去苑囿中射大雁。两人跟随献公，献公却不脱下射猎的衣服就和他们说话。两人发怒，去了宿邑。孙文子的儿子多次陪侍献公饮酒，献公让师曹唱《巧言》的末章。【65】师曹怨恨献公曾鞭打他三百下，就唱了这首歌，想以此激怒孙文子，向献公报仇。孙文子告诉了蘧（qú）伯玉，蘧伯玉说："我不知道。"于是孙文子就攻打逐出了献公。献公逃到齐国，齐国把卫献公安置在聚邑。孙文子、甯惠子共同拥立定公的弟弟秋为卫君，这就是殇公。

殇公秋继位，把孙文子林父封在宿地。十二年（公元前 547 年），甯喜与孙林父争宠，互相攻击。殇公派甯喜攻打孙林父。孙林父逃到晋国，又准备把从前的卫献公送回国。献公在齐国，齐景公听说后，同卫献公一起到晋国请求护送

回卫国。晋国替卫献公攻打卫国，诱卫殇公与晋会盟。卫殇公会见晋平公，晋平公把殇公和甯喜抓起来，又把卫献公送回了国。献公在外流亡十二年后回到卫国。

献公后元年（公元前546年），杀死了甯喜。三年（公元前544年），吴国的延陵季子出使卫国，拜见了蘧伯玉、史鳍，说："卫国君子很多，这个国家应该没有祸患。"经过宿邑，孙林父为他击磬，他说："不欢乐，音乐过分悲伤，

使卫国内乱的就是这啊！”【66】这年，献公去世，他的儿子襄公恶继位。

襄公六年（公元前538年），楚灵王与诸侯会盟，襄公自称有病，不去会盟。九年（公元前535年），襄公去世。当初，襄公有一个卑贱的妾，襄公宠幸于她，她怀了孕，梦见有人对她说：“我是康叔，我让你的儿子必定拥有卫国，给你的儿子取名叫‘元’。”妾感到奇怪，就询问孔成子。

孔成子说："康叔是卫国的始祖。"等到孩子出生，是个男孩，报告襄公，襄公说："是上天所赐的。"取名叫元。襄公夫人没有儿子，因此就立元为继承人，这就是灵公。

灵公五年（公元前530年），朝见晋昭公。六年（公元前529年），楚国的公子弃疾杀死灵王自己登位，这就是平王。十一年（公元前524年），发生火灾。三十八年（公元前497年），孔子来到卫国，卫国给他的俸禄和在鲁国时一样。后来发生了隔阂，孔子离开了，后来又来了。

三十九年（公元前 496 年），太子蒯聩与灵公夫人南子有仇怨，想杀死南子。蒯聩与他的亲信戏阳遬（sù）策划，朝见时，让戏阳遬刺杀夫人。戏阳遬后悔，没有动手。蒯聩几次使眼色，夫人察觉了，很害怕，大叫说："太子要杀我。"灵公发怒，太子蒯聩逃到宋国，不久逃到晋国的赵氏那里。【67】

四十二年（公元前 493 年）春天，灵公在郊外游览，让子郢驾车，子郢是灵公的小儿子，字子南。灵公怨恨太子出逃，对郢说："我将立你做继承人。"子郢回答说："不能把国家交给我，您另外安排别人吧！"夏天，灵公去世，夫人让子郢做太子，说："这是灵公的命令。"子郢说："流亡的太子蒯聩的儿子辄还在，我不敢当。"因此卫国就立辄为国君，这就是出公。

六月乙酉日，赵简子想送蒯聩回国，就命令阳虎装作让十多个卫国人穿着丧服迎接太子回国。【68】赵简子护送陪同。卫国人知道后，派兵攻击蒯聩，蒯聩不能回国，就进入宿邑防守，卫国人也停止进攻。

出公辄四年（公元前 489 年），齐国的田乞弑杀了他的国君孺子。八年（公元前 485 年），齐国的鲍子弑杀了他的国君悼公。孔子从陈国来卫国。九年（公元前 484 年），孔文子向孔子询问用兵的事，孔子不回答他。这以后，鲁国迎接孔子回去。孔子回到了鲁国。

十二年（公元前 481 年），当初，孔文子娶太子蒯聩的姐姐为妻，生了孔悝。孔家的奴仆浑良夫长得漂亮，孔文子

去世后，浑良夫与孔悝的母亲私通。太子住在宿邑，孔悝的母亲派浑良夫到太子那里去。太子对浑良夫说："假如你能把我护送回国，我将报答你让你做大夫，赦免你的三次死罪，不再追究。"与他盟誓，许诺把孔悝的母亲给他做妻子。闰月，浑良夫和太子回来了，住在孔家外面的园子里。黄昏，两人穿着女人的衣服坐车，宦官罗驾车，到了孔家。【69】孔氏的家臣栾宁问他，假称是亲家的姬妾。于是进去了，到了伯

姬的住处。吃完饭后，孔悝的母亲拄着戈先到了孔悝的住所，太子和五个人穿着盔甲，抬着公猪跟着。伯姬在厕所劫持了孔悝，强迫他结盟，于是劫持他上了高台。栾宁准备喝酒，肉还未烤熟，听说发生了叛乱，派人报告子路。卫大夫召护驾着便车，边喝酒边吃肉，护持着出公辄逃到鲁国。

子路将要进孔家门，碰上子羔正准备出门，对子路说："门已经关闭了。"子路说："我姑且看看。"子羔说："来不及了，不要去涉足祸患。”子路说：“接受了人家的俸禄，就不能躲避祸患。”子羔就出去了。子路走到了门口，公孙敢关上门，说：“不要进去。”子路说：“这是公孙敢吧？寻求利禄却逃避祸患，我不会这样，接受了人家的俸禄，就一定要挽救他的祸患。”有使者出来，子路才得以进去。说：“太子哪里用得着劫持孔悝？即使杀了孔悝，也必定有人接着攻击太子。”而且说：“太子没有勇气，如果焚烧高台，他一定会放过孔叔。”太子听说后，害怕了，派石乞、盂黡(yǎn)抵挡子路，用戈刺他，割断了帽带。子路说：“君子即使死了，也不能不戴帽子。”于是系好帽带被杀了。【70】孔子听说卫国内乱，说：“唉，子羔大概要回来了吧？子路大概死了。”孔悝终于立了太子蒯聩为国君，这就是庄公。

庄公蒯聩是出公的父亲，居住在国外，怨恨大夫没有人迎接他回来登位。元年（公元前480年）登位后，想把所有的大臣都杀了。说：“我居住在外很久了，你们也曾听说了吗？”大臣们想发动叛乱，庄公才罢休。

二年（公元前479年），鲁国的孔子去世。

三年（公元前478年），庄公登上城楼，看见了戎州。庄公说：“戎虏为什么筑了这座城？”戎州人因此忧虑。十月，戎州人告诉赵简子，赵简子包围了卫都。十一月，庄公出逃，卫国人立公子斑师为卫君。齐国攻打卫国，俘虏了斑师，改立公子起做了卫君。

卫君起元年（公元前477年），卫国的石曼専（zhuān）驱逐了他的国君起，起逃到齐国。卫出公辄从齐国回来登位。当初，出公在位十二年后流亡，流亡在外四年又回来了。出

【70】

公后元年（公元前 476 年），奖赏跟随他流亡的人。在位二十一年后去世，出公的叔父黔攻击出公的儿子自立为国君，这就是悼公。

悼公五年（公元前 451 年）去世，儿子敬公弗继位。敬公十九年（公元前 432 年）去世，儿子昭公纠继位。这时赵、魏、韩三晋强大，卫国像小诸侯国，归属赵国。

昭公六年（公元前 426 年），公子亹（wěi）杀了昭公代立为国君，这就是怀公。怀公十一年（公元前 415 年），公子穨杀了怀公取而代之，这就是慎公。慎公的父亲是公子適（dí），適的父亲是敬公。慎公四十二年（公元前 373 年）去世，儿子声公训继位。声公十一年（公元前 362 年）去世，儿子成侯遬继位。成侯十一年（公元前 350 年），公孙鞅到了秦国。十六年（公元前 345 年），卫君的爵号被贬为“侯”。

二十九年（公元前 333 年），成侯去世，儿子平侯继位。平侯八年（公元前 325 年）去世，儿子嗣君继位。嗣君五年（公元前 320 年），卫君的爵号又被贬称为“君”，只剩下濮阳了。

四十二年（公元前 283 年），嗣君去世，儿子怀君继位。怀君三十一年（公元前 253 年），朝拜魏国，魏国囚禁并杀了怀君。魏国改立嗣君的弟弟，这就是元君。元君是魏国的女婿，因此魏国立他为君。元君十四年（公元前 239 年）[1]，秦国攻占了魏国东方的土地，秦开始设置东郡，把卫国迁徙到野王县，把濮阳合并为东郡。二十五年（公元前 230 年），元君去世，儿子君角继位。

---

① 元君十四年：应为元君二十五年。

君角九年（公元前221年）[1]，秦国统一天下，秦王登位称始皇帝。二十一年（公元前209年）[2]，秦二世废黜君角，君角成为庶人。卫国的祭祀断绝了。

太史公说：我读世家，读到宣公的太子因为女人被杀，弟弟寿争着替哥哥去死，互相推让，这与晋国的太子申生不敢指明骊姬的过失相同，都怕伤了父亲的心。然而最终却被杀身亡，多么可悲啊！有的父子相互残杀，兄弟相互消灭，又是为什么啊？

① 君角九年：应为君角二十年。
② 二十一年：应为三十二年。

史记卷三十八

宋微子世家

扫描二维码
阅读本篇原文

微子启　箕子　穆公　殇公　襄公　景公　宋王偃

微子启是殷帝乙的长子，商纣王的庶兄。商纣王继位后，政治黑暗，荒淫无道，微子多次进谏，商纣王不听。等到祖伊得知周的西伯姬昌兴德政，灭掉阢（qí）国，他担心祸患临头，告诉了纣王，纣王说："我出生不是天命吗？西伯姬昌能怎么样呢？"于是微子估量商纣王怎样也不能接受劝谏，想为此而死，又想逃离，自己不能拿定主意，就问太师和少师："商没有清明的政治，不治理四方。我们的祖先过去成就功业，但纣王却沉湎在酒中，听信女人的话，如今已经败坏了汤的德政。商朝现在无论大小臣民都喜欢在外做强盗，在内为非作歹，卿士互相仿效做出法度不容的事情，都犯有罪孽，争夺爵禄，竟然没有长久保有爵禄的人。百姓于是一同效仿，相互作对。现在殷商的法典已经丧失了！就像渡河没有渡口边际。到了今天，殷商就要灭亡了。"又说："太师、少师，我到底要不要逃离呢？还是留下来保住国家不丧失呢？现在你们无意教诲我，我将陷于不义，怎么办呢？"【71】太师顺着话题回答说："王子，天降大灾要灭亡殷商，纣王上不畏天，下不畏贤者，不听年长者的劝告。现在商的百姓亵渎天神地祇的祭祀。如果你留下来真能得以国家大治，即使死了也不遗憾。如果为国而死，而国家终究不得大治，那么就不如离开。"微子于是逃亡。

箕子是纣王的亲戚。纣王刚开始用象牙筷子时，箕子叹道："他用象牙筷子，就一定会做玉杯；做玉杯，就一定会想享用远方的珍奇物品，置备车马营造宫室的端倪就从此开始了，不能够鼓励。"纣王淫佚，箕子进谏，纣王不听。有人对他说："可以离开了。"箕子说："做臣下的进谏，君王不听就离开，这是彰显君王的恶德，而自己取悦百姓，我不忍心这样做。"于是披着头发装疯，混在奴隶之中。从此隐居弹琴自悲身世，所以他的琴曲流传下来，曲名《箕子操》。

王子比干也是纣王的亲戚。看到箕子进谏，不被采纳而做奴隶，就说："君王有过失臣下却不以死抗争，那百姓又有什么罪！"因此直言劝谏纣王。纣王发怒说："我听说圣人的心有七个窍，真有这回事吗？"因此就杀了王子比干，剖胸看他的心。

微子说："父子之间有骨肉之亲，臣子和君王以道义结合。因此，父亲有过失，儿子三次劝谏不听从，就随之大声哭泣；做臣下的三次劝谏君王不听从，那么他理当可以离开了。"这时太师、少师就劝微子离开，微子就离开了。

周武王打败了殷商，微子于是带着殷商祭祀用的器皿来到武王的军营门前，袒露着身子反绑着，左边的人牵着羊，右边的人拿着茅，跪着向前行进来向武王求告。周武王就解开了微子的绳索，恢复了他的爵位，像从前一样。【72】

武王册封纣王的儿子武庚，让他延续商的祭祀，派管叔和蔡叔辅佐他。

武王灭商以后，访问箕子。武王说："哎！上天默默地安定尘世的百姓，帮助百姓安居乐业，我不知道上天用来安定百姓的常理是如何制定的。"

箕子回答说："从前鲧采取堵塞的方法治理洪水，乱了五行的次序，天帝因而震怒，不赐给天道九类大法，常理和法度被破坏了。鲧因此被杀身亡，大禹于是继承父业得以起用。天帝赐给大禹天道九类大法，常伦法度得以制定。

"第一是五行；第二是五事；第三是八政；第四是五纪；第五是皇极；第六是三德；第七是稽疑；第八是庶征；第九

是向用五福，畏用六极。

“五行：一是水，二是火，三是木，四是金，五是土。水滋润下方，火灼烧上方，木头可以弯曲伸直，金可以任人意愿改变形状，土可以种植五谷。滋润下方的水带来咸味，灼烧上方的火带来苦味，弯曲伸直的木带来酸味，任人改变的金属带来辣味，耕种收获的庄稼带来甜味。

“五事：一是态度，二是语言，三是视觉，四是听觉，五是思维。态度要恭敬，语言要使人心悦诚服，视觉要明敏，听觉要聪颖，思维要睿智。恭敬带来严肃，心悦诚服带来天下大治，明敏带来智慧，聪颖带来谋略，睿智带来圣明。

“八政：一是种植粮食，二是手工业和商业贸易，三是祭祀，四是民政，五是文化教育，六是治安，七是迎宾，八是军事活动。

“五纪：一是年，二是月，三是日，四是星辰，五是历法。

“皇极（帝王统治的法则）：天下兴起有法则，应当求取这五种幸福的法则，用来教化赏赐百姓，这样百姓就会遵守准则，又使你知道怎样维护准则。凡是臣民，不许结成朋党，不许暗中勾结，要遵守君王的准则。在臣民中，那些有计谋有作为有操守的人，你应当考量他们的行为，加以任用；那些行为不大合乎准则，而又不至于犯罪的人，帝王就要宽谅接受。如果有人和颜悦色地说：‘我所喜好的是德行。’你就赐给他爵禄。这种人能够维护遵守帝王的准则，不轻慢鳏夫寡妇，不枉法迁就高明显贵的人。有能力有作为的人，让他们发挥他们的能力作为，任用他们处理政事，国家将会因此昌盛。【73】凡是正直的人，既要赐给爵禄使他们富贵，又要用和善的态度待他们。你如果不能让正直的人对国家有所作为，那么这些人就会责怪你而离开。那些对国家不利的人，你即使赐给他爵禄，他的行动也会为你招来罪责。不要偏颇，遵守先王的正义之道治理人民；不要结私好，遵循先王的正道；不要做坏事，遵守先王的正路。不要偏私，不要结党，王者的道路就会很广阔；不要结党，不要偏私，王者的道路就会很平坦；不违反王道，不偏离正道，王者的道路

就会正直。君王应该汇聚遵守准则的人做自己的臣下，臣下也应该归附有准则的君王。君王应该依准则行事，使得臣下能陈述自己的言论。经常按准则行事，用这来教化天下人，对天来说这就是顺从。凡是你的百姓，让他对你充分陈述言论，正确的就顺从他们的意见行事，以增添天子的光辉。天子就成了万民的父母，被天下人视作共同敬仰的圣王。

“三德（治理百姓的三种德行）：一是正直，二是能够刚强，三是能够柔顺。如果世道平安，就用正直的方法统治；如果世道强横不顺从，则用严厉的方式能够统治；如果世道和顺，用柔顺的方式能够统治；如果世人暗藏阴谋，用刚强的方式能够统治；对待高明的君子用柔顺的方式能够统治。只有国君才能赐给人爵位，只有国君才能处罚人，只有国君才能享用美食。臣下不能够赐给人爵位、处罚人、享用美食。臣下如果有作福作威、享用美食的，那就会危害你的国家，给你的国家带来凶险，在位的人做事不公平，臣下百姓就会越轨犯罪。

“稽疑（解决疑难的方法）：选择善于卜筮的人，让他们卜筮，有的兆形像下雨，有的像雨过天晴，有的像云气络绎不绝，有的像雾气迷茫，有的阴阳二气互相冲犯，有的是内卦，有的是外卦，一共有七类。用龟甲来占卜有五种，用《周易》占卜名称有两种，能分别兆卦名称的人，就任用他来做卜筮。三个人占卜就听从两个相同的说辞。如果有重大的疑难问题，要用心思考，同大臣商量，同众人商量，然后才占卜，用卜筮来决疑。你如果赞同，龟占赞同，卜筮赞同，大臣赞同，百姓赞同，这就称为大同。这样你自己健康强壮，你的后代遇事吉利。你如果赞同，龟占赞同，卜筮赞同，大臣不赞同，百姓不赞同，这样也吉利。大臣赞同，龟占赞同，卜筮赞同，你不赞同，百姓不赞同，这样也吉利。百姓赞同，龟占赞同，卜筮赞同，你不赞同，大臣不赞同，这样也吉利。你如果赞同，龟占赞同，卜筮不赞同，大臣不赞同，百姓不赞同，在境内做事吉利，在境外做事不吉利。龟占、卜筮的结果都和人的愿望相违背，那么就要安静遵守常态，如果有所举动就会有凶险。

“庶征（各种征兆应验）：下雨、天晴、天暖、天寒、刮风，五种气象具备，各自按着次序出现，这样百草就丰茂。其中之一过多，就会年成不好，其中之一过少，年成也不好。好的征兆表现在：君王恭敬，就有及时雨；君王政治清明，阳光就会及时照耀；君王智慧，气候就会温暖适时；君王有谋略，气候就寒冷适度；君王圣明，就会有适时的和风。坏的征兆表现在：君王狂妄，就会经常阴雨；君王作恶，就会经常烈日炎炎；君王贪图享乐，就会经常炎热；君王暴躁，就会经常寒冷；君王蒙昧，就会经常阴风怒号。君王决策失误，就会影响一年；大臣管理失误，就会影响一个月；百官办事失误，就会影响一天。年、月、日各自顺着常规，各种谷物因此成长；君王臣子各自顺着常规，政治因此清明；贤明的臣子被委以重任，国家因此和平安宁。日、月、年不顺着常轨，各种谷物因此不成长；君王臣下不顺着常轨，政治因此昏暗不清明；贤明的臣下地位卑微，国家就不会和平安宁。百姓就像星辰一样，有的星辰喜欢风，有的星辰喜欢雨。日月运行，形成了冬天、夏天，月亮的运行不按正轨而随着众星，就会形成风雨。

“五福：一是寿，二是富，三是平安，四是注重德行，五是享尽天年。六极：一是凶杀、短命、夭折，二是疾病，三是忧伤，四是贫困，五是邪恶，六是懦弱。”

因此，武王就把朝鲜封给箕子，不把他当作臣子。

此后箕子朝拜周，经过从前殷都的废墟，感叹宫室毁坏，长满禾黍，箕子为此感伤，想大哭又不能，想流泪又觉得有

点像妇人，就写了《麦秀》这首诗来抒发内心的感伤。他的诗写道：“麦芒尖尖啊，禾黍绿油油。那狡诈的顽童啊，不与我交好！”所谓狡诈的顽童就是商纣王。商的遗民听说后，都因此痛哭流涕。【74】

武王去世，成王年纪小，周公姬旦代成王处理政事。管叔、蔡叔猜疑周公，就与武庚发动叛乱，准备袭击成王、周公。周公奉成王的命令处死了武庚，杀了管叔，流放了蔡叔。因

此让微子启代替武庚做殷商的继承人，主持祖先的祭祀，写了《微子之命》来反复告诫他，在宋建立国家。微子本来就仁义贤能，因而取代了武庚，所以商的遗民很爱戴他。【75】

微子启去世，立他的弟弟衍为宋君，这就是微仲。微仲去世，儿子宋公稽继位。宋公稽去世，儿子丁公申继位。丁公申去世，儿子湣公共继位。湣公共去世，弟弟炀公熙继位。炀公继位后，湣公的儿子鲋祀弑杀了炀公自己登位，说：“我应当继位。”这就是厉公。厉公去世，儿子釐公举继位。

釐公十七年（公元前 842 年），周厉王出逃到彘。

二十八年（公元前 831 年），釐公去世，儿子惠公䀢（jiàn）继位。惠公四年（公元前 827 年），周宣王继位。三十年（公元前 801 年），惠公去世，儿子哀公继位。哀公元年（公元前 800 年）去世，儿子戴公继位。

戴公二十九年（公元前 771 年），周幽王被犬戎杀死，秦国开始被列为诸侯。

三十四年（公元前 766 年），戴公去世，儿子武公司空继位。武公生的女儿做了鲁惠公的夫人，生了鲁桓公。十八年（公元前 748 年），武公去世，儿子宣公力继位。

宣公有太子叫与夷。十九年（公元前 729 年），宣公病重，让位给弟弟和，说：“父亲死了儿子继位，哥哥死了弟弟接替，是天下通行、理所应当的事情。我立和为继承人。”和再三推辞才接受。宣公去世，弟弟和继位，这就是穆公。

穆公九年（公元前 720 年），病重，他召来大司马孔父对他说：“故去的国君宣公舍弃太子与夷立我为君，我不敢忘怀。我死后，一定要立与夷为君。”孔父说：“大臣们都希望拥立公子冯。”穆公说：“不要立冯为君，我不能辜负宣公。”因此穆公让冯离开宋国住在郑国。八月庚辰日，穆公去世，他哥哥宣公的儿子与夷继位，这就是殇公。君子知道了这件事，说：“宋宣公真称得上知人善任了，立弟弟和来成全了道义，然而最终他的儿子还是享有了天下。”

殇公元年（公元前 719 年），卫国的公子州吁弑杀了卫君完，自立为君，想亲附诸侯，派人对宋君说：“公子冯在

【76】

郑国，将来一定会作乱，可以和我一起讨伐郑。”宋君答应了，同他一起攻打郑国，到了东门就退回来了。二年（公元前718年），郑国攻打宋国，来报东门之战的仇。这以后诸侯几次来侵犯攻打。

九年（公元前711年），大司马孔父嘉的妻子貌美，有一天出门，在路上遇见了太宰华督，华督很喜欢，目不转睛地看她。华督想夺孔父嘉的妻子，就派人在都城中扬言说：“殇公即位不过十年罢了，却打了十一次仗，百姓困苦不堪，这都是孔父嘉导致的，我将杀了孔父来安抚百姓。”这年，鲁国人弑杀了他们的国君隐公。十年（公元前 710 年），华督杀死了孔父嘉，娶了他的妻子。殇公发怒，于是华督杀了殇公，而从郑国接回了公子冯，立他为君，这就是庄公。【76】

庄公元年（公元前 710 年），华督做了相。九年（公元前 701 年），俘虏了郑国的祭仲，要挟他立公子突为郑国国君，祭仲答应了，终于立突为君。十九年（公元前 692 年），庄公去世，儿子湣公捷继位。

湣公七年（公元前 685 年），齐桓公即位。九年（公元前 683 年），宋国发生水灾，鲁国派臧文仲来慰问。湣公自责说：“我因为不能侍奉鬼神，政事不兴，所以才有水灾。”臧文仲认为这话说得好。这句话其实是公子子鱼教给湣公的。

十年（公元前 682 年）夏天，宋国攻打鲁国，在乘丘交战，鲁国生擒了宋国的南宫万。宋国人请求放还南宫万，南宫万回到了宋国。十一年（公元前 681 年）秋天，湣公和南宫万一起打猎，因为下棋争抢道路，湣公生气了，辱骂他，说：“起初我尊重你，现在你不过是鲁国的俘虏罢了。”南宫万力气大，忌讳这话，就在蒙泽用棋盘砸死了湣公。大夫仇牧知道了，带着兵器到了湣公的门前，南宫万和仇牧搏斗，仇牧牙齿撞在门扇上死了。南宫万杀了太宰华督，接着改立公子游为国君。诸公子们逃到萧邑，公子御说逃到亳邑。南宫万的弟弟南宫牛率兵包围了亳邑。冬天，萧地的大夫和宋国的公子们一起攻打并杀死了南宫牛，杀了新立的宋君公子游，立湣公的弟弟御说为君，这就是桓公。南宫万逃到陈国，宋人用财物贿赂陈国，陈国人让女人用醇酒灌醉南宫万，用皮革把他裹了起来，送给宋国。宋国人把南宫万剁成了肉酱。

桓公二年（公元前680年），诸侯攻打宋国，到了宋国的郊野就离开了。三年（公元前679年），齐桓公开始称霸。二十三年（公元前659年），宋桓公从齐国接回卫国的公子燬，立为卫君，这就是卫文公。文公的妹妹是桓公的夫人。秦穆公即位。三十年（公元前652年），桓公病重，太子兹甫让他的庶兄目夷做继承人。桓公认为太子的想法很合道义，但最终没有听从。三十一年（公元前651年）春天，桓公去世，太子兹甫继位，这就是襄公。任用他的庶兄目夷做相。宋桓公还未安葬，齐桓公在葵丘会合诸侯，襄公前往参加会盟。

襄公七年（公元前644年），宋国天降陨星，像下雨一样，同雨一起降下。有六只鹢（yì）鸟倒退着飞翔，因为风太强劲了。

八年（公元前643年），齐桓公去世，宋国想会合诸侯。十二年（公元前639年）春天，宋襄公在鹿上举行会盟，请求楚国承认他做诸侯的盟主，楚国人答应了。公子目夷进谏说："小国争做盟主，这是祸患。"襄公不听从。秋天，诸侯在盂地与宋襄公会盟。目夷说："灾难恐怕会在这儿显现吧！国君的欲望过分了，怎么能忍受呢？"果然，楚国扣押了襄公，攻打宋国。冬天，诸侯在亳会盟，楚国释放了宋襄公。子鱼说："祸患还没完。"十三年（公元前638年）夏天，宋国攻打郑国。子鱼说："祸患正在此时。"秋天，楚国攻打宋国以援助郑国。宋襄公正要作战，子鱼劝谏说："上天抛弃商已经很久了，不能作战。"冬天，十一月，襄公与

楚成王在泓地交战，楚军还没有渡完河，目夷说：“他们人多我们人少，趁他还没有渡完河进攻他。”襄公不听从。【77】渡河之后，楚军还未排好阵势，目夷又说：“可以进攻了。”襄公说：“等他摆好阵势。”楚国人摆好阵势，宋军才开始攻打。宋军大败，襄公的大腿受伤。宋国人都怨恨襄公，襄公说：“君子不趁人在危难中困扰他，不攻击还没有排好队的军队。”【78】子鱼说：“军队以打胜仗为功劳，怎么能

和平常一样呢？一定要像您说的那样，那就做奴隶好了，又何必打仗？”

楚成王救了郑国，郑国酬谢他，离开时娶走了郑君的两个女儿。叔瞻说：“楚成王这样无礼，将不得善终吧？接受礼宴却不讲男女之别，由此可知他称不了霸。”

这年，晋国的公子重耳经过宋国，襄公因为被楚军打伤，想得到晋国的援助，便送给重耳八十匹马的厚礼。

十四年（公元前637年）夏天，襄公因为在泓之战中受的伤恶化，病重去世了，他的儿子成公王臣继位。

成公元年（公元前636年），晋文公即位。三年（公元前634年），宋国背弃与楚国的盟约，亲近晋国，因为宋襄公对晋文公有恩德。四年（公元前633年），楚成王攻打宋国，宋国向晋国求救。五年（公元前632年），晋文公援救宋国，楚国的军队撤走了。九年（公元前628年），晋文公去世。十一年（公元前626年），楚国的太子商臣弑杀了他的父亲楚成王，代立为君。十六年（公元前621年），秦穆公去世。

十七年（公元前620年），成公去世，成公的弟弟御杀死太子和大司马公孙固，自立为国君。宋国人共同杀了国君御，拥立成公的小儿子杵臼，这就是昭公。

昭公四年（公元前616年），宋国在长丘打败了长翟缘斯。七年（公元前613年），楚庄王即位。

九年（公元前611年），昭公昏庸无道，国人不拥戴他。昭公的弟弟鲍革贤能，尊重士人。当初，襄公的夫人想和公子鲍私通，公子鲍不答应。因此襄公夫人就帮助他施恩于国人，通过大夫华元引荐，鲍革做了右师。昭公外出打猎，夫人王姬派卫伯杀了昭公杵臼，弟弟鲍革被立为国君，这就是文公。

文公元年（公元前610年），晋国率领诸侯攻打宋国，追究杀害国君的责任。听说文公即位，就罢兵了。二年（公元前609年），昭公的儿子依靠文公的同母弟弟须的关系，和武公、穆公、戴公、庄公、桓公的后人发动叛乱，文公把他们全杀了，驱逐了武公、穆公的后人。

四年（公元前 607 年）春天，楚国让郑国攻打宋国。宋国派华元领兵，郑国打败了宋国，囚禁了华元。起初，华元准备作战，杀羊犒劳士兵，他的车夫没有喝到羊肉羹，心怀怨恨，就把车赶到郑国的军队中，因此宋国的军队失败，郑国得以囚禁华元。宋国用兵车百辆、良马四百匹来赎华元，赎华元的车马还没有全部送到，华元就逃回了宋国。【79】

十四年（公元前 597 年），楚庄王包围了郑国，郑伯投降了楚国，楚国又释放了他。

十六年（公元前595年），楚国的使者经过宋国，宋国与楚国有旧仇，就扣押了楚国的使者。九月，楚庄王包围了宋国。十七年（公元前594年），楚国包围宋国五个月没有解围，宋国城里危急，没有粮食，华元因此夜里私下拜会楚国将军子反，子反报告了楚庄王，楚庄王问："城里怎么样？"华元说："宋国人把尸骨拆下来当柴烧，互相交换孩子吃掉。"庄王说："这是实话，我们的军队也只有两天的粮食了。"因为讲求信义，楚国就撤走了军队。

二十二年（公元前589年），文公去世，儿子共公瑕继位。宋国开始兴起厚葬的风气。君子讥讽华元不像臣子。

共公十年（公元前579年），华元与楚国的将军子重交好，又与晋国的将军栾书关系不错，因此和晋、楚两国都结了盟。十三年（公元前576年），共公去世。华元做右师，鱼石做左师。司马唐山攻打杀死了太子肥，想杀死华元，华元逃亡晋国，鱼石劝阻他，到了黄河边就返回来，杀了唐山。于是立共公的小儿子成为国君，这就是平公。

平公三年（公元前573年），楚共王攻下了宋国的彭城，把它封给宋国的左师鱼石。四年（公元前572年），诸侯共同诛杀了鱼石，把彭城还给宋国。三十五年（公元前541年），楚国的公子围弑杀了他的国君，取而代之，做了灵王。四十四年（公元前532年），平公去世，儿子元公佐继位。

元公三年（公元前529年），楚国的公子弃疾弑杀了灵王，自立为平王。八年（公元前524年），宋国发生火灾。十年（公元前522年），元公没有信义，用欺骗的手法杀死了公子们。

大夫华氏、向氏发动叛乱。楚平王的太子建逃到宋国，看到华氏族人们互相攻打，宋国动乱，太子建离开宋国去了郑国。十五年（公元前 517 年），宋元公因为鲁昭公在外躲避季氏，替他奔走求情想让他回到鲁国，死在了半路上。儿子景公头曼继位。

景公十六年（公元前 501 年），鲁国的阳虎来投奔，不久又离开了。二十五年（公元前 492 年），孔子经过宋国，宋国的司马桓魋（tuí）讨厌他，想杀死孔子，孔子化装离开了。三十年（公元前 487 年），曹国背叛宋国，又背叛晋国。宋国讨伐曹国，晋国不援救，因此宋国灭了曹国据为己有。三十六年（公元前 481 年），齐国的田常弑杀了齐简公。

三十七年（公元前 480 年），楚惠王灭了陈国。妖星侵占心宿的区域。心宿，正是宋国的分野[①]。景公担忧。掌管星象的子韦说："可以把灾祸转嫁到国相身上。"景公说："国相是我的大腿和胳膊。"子韦说："可以把灾祸转嫁到百姓身上。"景公说："国君要依靠百姓。"子韦说："可以把灾祸转移到年成上。"景公说："年成饥荒，百姓就会受困扰，我为谁做国君呢？"子韦说："天高高在上，能察知下界的事情，君王这三句话很有做人君的气度。妖星应该会移动了。"于是观测妖星，果然移动了三度。【80】

六十四年（公元前 451 年），景公去世。宋国的公子特攻打杀死了太子，自立为君，这就是昭公。昭公是元公庶出的曾孙。昭公的父亲是公孙纠，公孙纠的父亲是公子褍（duān）

---

① 分野：古代天文学说，把天上星宿划分区域和地面上的州国相对应，天上的叫分星，地下的叫分野。

秦，禚秦是元公的小儿子。景公杀死了昭公的父亲公孙纠，因此昭公心怀怨恨，杀死了太子自立为君。

昭公四十七年（公元前 404 年）去世，儿子悼公购由继位。悼公八年（公元前 396 年）去世，儿子休公田继位。休公田二十三年（公元前 373 年）去世，儿子辟公辟兵继位。辟公三年（公元前 370 年）去世，儿子剔成继位。剔成在位四十一年(公元前329年),剔成的弟弟偃袭击剔成,剔成失败,逃到齐国，偃自立为宋君。

宋君偃十一年（公元前318年），自己称王。在东方打败齐国，夺来了五座城；在南方打败了楚国，夺取了三百里土地；在西方打败了魏国的军队，于是和齐、魏成为敌对的国家。君偃用牛皮袋盛着血挂起来射击，叫作“射天”。他贪恋酒色，大臣们进谏，动辄被他用箭射杀，因此诸侯都称他为“桀宋”。“宋国大概又要做纣王所做过的事情，不能不诛灭。”诸侯报告齐国，一起攻打宋国。宋王偃在位四十七年（公元前286年），齐湣王与魏国、楚国攻打宋国，杀死了宋王偃，接着灭了宋国，把宋的土地分成了三份。

太史公说：孔子说“微子离开商纣王，箕子做他的奴仆，比干进谏死去，商代有三位仁人了”。《春秋》讥讽宋国的祸患起自宋宣公废黜太子而立弟弟为君，国家因此十代不得安宁。襄公时，修行仁义，想做盟主，他的大夫正考父称颂他，因此追述契、汤、高宗的功绩以及殷兴起的原因，写了《商颂》。襄公在泓之战败后，有的君子仍然称颂襄公，感叹中原诸侯丧失礼义，褒扬宋襄公知道礼让。

知识拓展

天高听卑

释义：原指上天神明可以洞察人间最卑微的地方。旧时称好的帝王了解民情。

出处：《史记·宋微子世家》：“子韦曰：‘天高听卑。君有君人之言三，荧惑宜有动。’”

史记卷三十九

晋世家

扫描二维码
阅读本篇原文

唐叔虞　曲沃武公　献公　骊姬　重耳　里克　惠公
襄公　赵盾　厉公　静公

晋国的唐叔虞是周武王的儿子，周成王的弟弟。当初，周武王与叔虞的母亲相会时，梦见天帝对武王说："我让你生一个儿子，取名虞，我赐给他唐地。"等到生了儿子，发现在他手上有一个"虞"字，因此就给他取名叫虞。【81】

武王去世，成王继位。唐动乱，周公灭了唐。成王与叔虞开玩笑，把桐叶剪成珪[①]形送给叔虞，说："我把这个封你吧。"史佚因此请求择日册封叔虞。成王说："我和他开玩笑呢。"史佚说："天子没有玩笑话。一说话史官就记录，举行礼仪，奏乐歌颂。"因此就把叔虞封在唐。唐地在黄河、汾河的东边，方圆百里，因而称他为唐叔虞。姓姬，字子于。

唐叔的儿子燮，就是晋侯。晋侯的儿子宁族，就是武侯。武侯的儿子服人，就是成侯。成侯的儿子福，就是厉侯。厉侯的儿子宜臼，就是靖侯。靖侯之后，晋国的年份才可以推算。从唐叔到靖侯有五代，没有确切的在位年数。

靖侯十七年（公元前 841 年），周厉王暴虐无道，周都的百姓发动叛乱，厉王出逃到彘，大臣们共同执掌政权，因此称为"共和"。

---

① 珪：帝王、诸侯所持的玉，上圆下方，是身份尊贵的标志。

十八年（公元前 840 年），靖侯去世，儿子釐侯司徒继位。釐侯十四年（公元前 827 年），周宣王刚即位。十八年（公元前 823 年），釐侯去世，儿子献侯籍继位。献侯十一年（公元前 812 年）去世，儿子穆侯费王继位。

穆侯四年（公元前 808 年），娶齐国的女子姜氏做夫人。七年（公元前 805 年），攻打条。姜氏生了太子姬仇。十年（公元前 802 年），攻打千亩，获得成功。姜氏生了小儿子，取名叫成师。晋国人师服说："国君给儿子取名真奇怪。太子叫仇，仇是仇敌；小儿子叫成师，成师是大名，是成全他啊。命运决定名字，性质决定事物本身。现在嫡子和庶子的名字互相矛盾，此后晋国能没有内乱吗？"

二十七年（公元前785年），穆侯去世。弟弟殇叔自立为君，太子仇出逃。殇叔三年（公元前782年），周宣王去世。四年（公元前781年），穆侯的太子仇率领他的亲信袭击殇叔，登上君位，他就是文侯。

文侯十年（公元前771年），周幽王昏庸无道，犬戎杀了周幽王，周王室东迁。秦襄公开始列为诸侯。

三十五年（公元前746年），文侯仇去世，儿子昭侯伯继位。

昭侯元年（公元前745年），把文侯的弟弟成师封在曲沃。曲沃比翼要大，翼是晋国国君的都城。成师封在曲沃，称为桓叔。靖侯庶出的孙子栾宾辅佐桓叔。桓叔这时年已五十八岁，喜欢修德，晋国的百姓都归附他。君子说："晋国的祸乱大概在曲沃了，末节比本枝还要大，而且深得民心，不发生内乱还等什么呢？"

七年（公元前739年），晋国的大臣潘父杀死了他的国君晋昭侯，迎接曲沃桓叔。桓叔准备进入晋国。晋国人派兵攻打桓叔，桓叔兵败，回到了曲沃。晋国人共同拥立昭侯的儿子平做国君，这就是孝侯。晋人处死了潘父。

孝侯八年（公元前731年），曲沃桓叔去世，儿子鱓（shàn）接替了桓叔，这就是曲沃庄伯。孝侯十五年（公元前725年），曲沃庄伯在翼杀死了他的国君晋孝侯。晋国人攻打曲沃庄伯，庄伯又回到曲沃。晋国人又立孝侯的儿子郄（xì）做国君，这就是鄂侯。

鄂侯二年（公元前722年），鲁隐公刚继位。鄂侯六年（公元前718年）去世。曲沃庄伯听说晋鄂侯去世了，就调集军队攻打晋国。周平王派虢公领兵攻打曲沃庄伯，庄伯退守曲沃。晋国人共同拥立鄂侯的儿子光，这就是哀侯。

哀侯二年（公元前716年），曲沃庄伯去世，儿子称接替庄伯继位，这就是曲沃武公。哀侯六年（公元前712年），鲁国人杀了他们的国君鲁隐公。哀侯八年（公元前710年），晋国袭击陉廷。陉廷人与曲沃武公合谋，九年（公元前709年），在汾水边攻打晋国，俘虏了哀侯。晋国人就拥立哀侯的儿子小子为国君，这就是小子侯。

小子侯元年（公元前709年），曲沃武公指使韩万杀死了所俘虏的晋哀侯。曲沃更加强大，晋国拿它没有办法。

晋小子侯四年，曲沃武公引诱召来晋小子侯，杀死了他。周桓王派虢仲攻打曲沃武公，武公回到曲沃，因而立晋哀侯的弟弟缗为晋侯。

晋侯缗四年（公元前703年），宋国抓住了郑国的祭仲，要挟他立突为郑国国君。晋侯缗十九年（公元前688年），齐国人管至父弑杀了他的国君齐襄公。

晋侯缗二十八年（公元前679年），齐桓公开始称霸。曲沃武公攻打晋侯缗，消灭了他，把晋国的宝物器皿全部送给了周釐王。周釐王任命曲沃武公做晋国国君，列为诸侯，这时武公全部兼并了晋国的土地，据为己有。

曲沃武公在位三十七年后，改变称号为晋武公。晋武公开始定都晋国都城，先前他在曲沃继位，前后的时间一共有三十八年。

晋武公称自己是已故的晋穆侯的曾孙、曲沃桓叔的孙子。桓叔开始封在曲沃。武公是庄伯的儿子。从桓叔开始封在曲沃到武公消灭晋国，一共有六十七年，终于取代晋国成为诸侯。武公取代晋两年后去世，与在曲沃时统治的时间合计，在位一共三十九年去世。儿子献公诡诸继位。

献公元年（公元前676年），周惠王的弟弟穨攻打惠王，惠王出逃，住在郑国的栎邑。

五年（公元前672年），献公攻打骊戎，得到了骊姬及骊姬的妹妹，她们都受到了献公的宠爱。

八年（公元前669年），晋国大夫士蒍游说献公说："以前晋国的公子们很多，不杀他们，内乱将要发生。"因此派人把公子们全部杀死，在聚地筑城作为都城，取名为绛，开始定都于绛。九年（公元前668年），晋国的公子们逃到了虢国①，虢因此两次攻打晋国，没有取得胜利。十年（公元前667年），晋国准备攻打虢国，士蒍说："且等虢国内乱吧。"

十二年（公元前665年），骊姬生了奚齐。献公打算废黜太子，因而说："曲沃是我的祖先宗庙所在的地方，蒲邑靠近秦，屈邑靠近翟地，不派儿子们留驻那里，我心里担心。"因此让太子申生驻在曲沃，公子重耳驻在蒲邑，公子夷吾驻在屈邑。献公和骊姬生的儿子奚齐驻在绛。【82】晋国人因此知道太子将被废掉。太子申生的母亲是齐桓公的女儿，叫作齐姜，很早就去世了，申生的同母妹妹是秦穆公的夫人。

---

① 虢国：此处指北虢。

重耳的母亲是翟人狐氏的女儿。夷吾的母亲是重耳母亲的妹妹。献公的儿子有八个，太子申生、重耳、夷吾都有贤良的德行。等到得到骊姬，献公就疏远了这三个儿子。

十六年（公元前661年），晋献公建立了两支军队，献公统率上军，太子申生统率下军，赵夙驾驶兵车，毕万做护卫，攻灭了霍国，消灭了魏国，灭掉了耿国。回来后，替太子筑曲沃城，把耿赐给赵夙，把魏赐给毕万，用他们做大夫。士芍说："太子不能够继位了。把都城分封给他，赐给他卿的高位，预先已经替他安排了最高的禄位，又怎能继位当国君？不如逃避，不要让罪祸临头。做吴太伯那样的人，不也很好吗？还能拥有好名声。"太子不听。卜偃[①]说："毕万的后人一定会发达。万，是满数；魏，是高大啊。以魏地为最初的封赏，是天助他啊！天子的臣民叫兆民，诸侯的臣民称万民，现在给他大的国名，以顺应满数，他一定会拥有众多的土地人民。"当初，毕万占卜在晋国做官的吉凶，占得了《屯》卦变成《比》卦，辛廖解释卦象说："吉利。《屯》卦象征稳固，《比》卦象征进入，还有比这更吉利的吗？他的后代一定会众多昌旺。"

十七年（公元前660年），晋侯派太子申生讨伐东山。里克劝谏献公说："太子是主持宗庙祭祀、掌管地神谷神的祭品、早晚照看国君膳食的人，所以叫'冢子'[②]。国君出行太子就留守，有人代太子留守就随从国君，跟随称作抚军，留守叫作监国，这是古代的制度。统率军队，是要独立谋划军务；向军队宣布号令，这是国君和处理政务的人所应考虑的，不是太子的事情。统领军队在于发布命令，太子秉承君命就没有威信，而独断专行就是不孝，因而国君的嫡子不能统率军队。国君用太子领兵是用错了人，统率军队没有威信，怎么行呢？"献公说："我有几个儿子，不知道立谁做太子。"里克不回答，退了下去，见到太子。太子问："我大概要被废黜了吧？"里克说："太子努力吧！让你统率军队，只怕

① 卜偃：晋大夫郭偃，专掌卜筮。

② 冢子：即嫡长子。

不能完成任务，怎么会被废黜呢？况且儿子只担心不孝顺，不要担心不能继承君位。修身而不责备别人，就会免于祸患。”太子统帅军队，献公给他穿左右颜色不同的衣服，给他佩戴金玦。里克称病，没有跟随太子出征，太子于是就去讨伐东山。

十九年（公元前658年），献公说：“当初，我的先君庄伯、武公平定晋国的内乱时，虢国经常帮助晋攻打曲沃，又藏匿晋逃亡的公子，现在果然叛乱。不灭虢国，会留给子孙后代后患。”因而派荀息送给虞国屈邑产的马，向虞国借路。虞国借给晋国道路，晋国于是攻打虢国，夺取了它的下阳而归。

献公私下对骊姬说：“我想废黜太子，用奚齐取代他。”骊姬哭着说：“太子被立为继承人，诸侯都已经知道，而且他多次统领军队，百姓归附他。为什么要因为我的缘故废嫡子立庶子呢？您一定要这样做的话，我宁可自杀。”骊姬假装称赞太子，暗地却派人诬陷太子，想立她的儿子奚齐。

二十一年（公元前656年），骊姬对太子说：“国君梦见你的母亲齐姜，你快去曲沃祭祀，给国君送回祭肉。”太子因此去曲沃祭祀他的母亲齐姜，把祭肉送给献公。献公正在外打猎，太子于是把祭肉放在宫中。骊姬派人在祭肉中放了毒药。过了两天，献公打猎归来，厨师给献公端上祭肉，献公准备享用。【83】骊姬从旁制止他，说：“祭肉从远方来，应该试一下。”于是把肉汤泼在土地上，土地凸了起来；给狗吃，狗死了；给小宦官吃，小宦官也死了。骊姬哭泣着说：“太子多么残忍，连他的父亲都想杀死取而代之，何况别人呢？况且国君年老了，是早晚要死的人了，他竟然迫不及待地要杀了你！”【84】又转身对献公说：“太子之所以这样，只不过因为我和奚齐的缘故，我愿意我们母子二人回避，住到别的国家，要不然就早点自杀，不要白白地让我们母子受太子鱼肉宰割。起初您想废黜他，我还觉得遗憾，到今天，我真后悔当初自己错了。”

太子听说后，逃到新城[①]。献公发怒，就杀了辅佐太子的

① 新城：即曲沃，此时刚成为太子的城邑，所以叫新城。

杜原款。有人对太子说："下毒药的是骊姬，太子何不自己说明这件事？"太子说："我的父亲老了，没有骊姬，他就睡觉不安，吃饭不香。如果我向他说明，国君就会对她生气。所以我不能说。"有人对太子说："可以逃到别的国家。"太子说："蒙受这样的坏名声出逃，有谁会收留我？我只有自杀吧！"十二月戊申日，申生在新城自杀。

这时重耳、夷吾来朝见。有人对骊姬说："两位公子怨恨您诬陷杀害了太子。”骊姬害怕，因而诬陷两位公子说：“太子申生在祭肉里放毒药，两位公子知道这件事。”两位公子听说后，害怕了，重耳逃到了蒲邑，夷吾逃到屈邑，据守城邑，自己守备。当初，晋献公派士蔿替两位公子修筑蒲、屈两城，还没有完工。夷吾报告了献公，献公对士蔿发怒，士蔿道歉说：“边远的城邑很少有侵略者，修它有什么用？”退下后作歌唱道：“狐皮大衣乱蓬蓬，一个国家三位主公，我该把谁的话来听从！”终于筑好了城邑。到太子申生死时，二位公子就各自退守到自己的城邑中。

二十二年（公元前 655 年），献公生气两位公子不辞而别，认为他们果然有阴谋，就派兵攻打蒲邑。蒲邑人宦官勃鞮（dī）奉献公之命逼重耳赶快自杀。重耳跳墙逃走，勃鞮追赶斩破了他的衣袖。重耳就逃到翟国。献公又派人攻打屈邑，屈邑坚守城池，不能攻破。【85】

这年，晋又向虞国借路攻打虢国。虞国的大夫宫之奇劝谏虞君说：“不能借路给晋国，不然晋国将灭亡虞国。”虞君说：“晋国和我是同姓的国家，不应该攻打我。”宫之奇说：“太伯、虞仲，是周太王的儿子，太伯逃走，因此没有继承王位。虢仲、虢叔是王季的儿子，做了周文王的卿士，他们的功勋记载在周王室，藏在盟府[①]中。虢国尚且要被灭掉，对虞国又有什么偏爱呢？况且虞国、晋国的亲密程度能比得过桓叔、庄伯的后人吗？桓叔、庄伯的后人有什么罪过？却全部被消灭了。虞国和虢国，就像嘴唇和牙齿的关系，唇亡

① 盟府：掌管保存盟书的官府。

则齿寒①。”虞公不听从，于是答应了晋国。宫之奇带着族人离开了虞国。这年冬天，晋国消灭了虢国，虢公丑逃到周。晋军撤回国时，趁机消灭了虞国，俘虏了虞公及其大夫井伯百里奚，作为献公女儿嫁给秦穆公陪嫁的奴仆，让虞国继续祭祀。荀息牵着以前送给虞国的屈邑产的马匹献给献公，献

① 唇亡则齿寒：形容关系密切，一方受损，另一方也受不良影响。

公笑着说："马还是我的马，不过牙口老了。"

二十三年（公元前654年），献公派贾华等攻打屈邑，屈邑的百姓逃离了，夷吾准备逃往翟国。冀芮说："不行，重耳已经在那里了，现在去，晋国一定会派兵攻打翟。翟畏惧晋国，祸患将临头。不如逃到梁国，梁国靠近秦国，秦国强大，等我们的国君去世后，可以请求回国。"于是逃到梁。二十五年（公元前652年），晋国讨伐翟国。翟国因为重耳的缘故，也在啮桑攻打晋，晋军停止进攻离开。

这时，晋国强大。西方拥有河西，与秦国接壤，北方靠近翟，东方到了河内。

骊姬的妹妹生了悼子。

二十六年（公元前651年）夏天，齐桓公在葵丘举行盛大的诸侯会盟。晋献公生病，来迟了，没有到达，碰上了周王室的宰孔，宰孔说："齐桓公更骄傲了，不务修德却专门谋划攻取远方的土地，诸侯不满。你还是别去参加会盟，齐桓公不会把晋国怎么样。"献公也因为生病，就回国了。病情加重，就对荀息说："我立奚齐作为继承人，他年龄小，大臣们不服从，恐怕发生变乱，先生能拥立他吗？"荀息说："能。"献公说："用什么做保证呢？"荀息回答说："您即使死而复生，也不会因为把奚齐托付给我而后悔，我这样活着的人不会因为违背您的意愿而感到惭愧，用这个作为保证。"因此献公就把奚齐托付给荀息。荀息做了相，主持国家政事。秋天九月，献公去世。里克、邳郑想接回重耳，利用三位公子的亲信发起叛乱，对荀息说："三处怨恨将要出现了，秦国、晋国都帮助他们，你准备怎么办？"荀息说："我

不能违背先君的遗言。”十月，里克在守丧的场所杀了奚齐，献公还没有安葬。荀息准备为此而自杀，有人说不如立奚齐的弟弟悼子而辅助他，荀息便拥立了悼子，安葬了晋献公。十一月，里克在朝廷杀了悼子，荀息为此而自杀。君子说：“《诗经》所说的‘白珪上的污点，还可以磨掉；语言的污点，没有办法磨灭’，大概这说的就是荀息吧？他没有违背自己的诺言。”当初，献公准备攻打骊戎，占卜说：“祸患产生于小人的谗言。”等到攻破骊戎，俘获骊姬，宠爱她，最终因为她而祸乱了晋国。

里克等人杀了奚齐、悼子，派人去翟迎接公子重耳，准备拥立他。重耳辞谢说：“违背父亲的命令出逃，父亲死了不能够履行做儿子的礼仪守孝，重耳怎么敢回来？大夫还是改立别的公子吧！”【86】使者回来报告里克，里克派人到梁国接夷吾。夷吾准备回国，吕省、郤芮说：“国内还有可以拥立的公子，却在外寻找，难以信任。我们估计如果不去秦国寻求帮助，借助强国的威力回去的话，恐怕会有危险。”于是派郤芮给秦国送厚礼，约定说：“如果得以回国即位，愿意把晋国的河西的土地给秦国。”又送给里克书信说：“如果真能登位，愿意把汾阳邑封给你。”秦穆公因此护送夷吾回晋国。齐桓公听说晋国发生内乱，就率领诸侯的军队到了晋国，秦国的军队和夷吾也到了晋国。齐国因而派隰朋会同秦国一起送夷吾回国，立作晋国国君，这就是惠公。齐桓公到了晋国的高梁就撤了回去。

惠公夷吾元年（公元前650年），派邳郑对秦国道歉说：“当初夷吾把河西土地答应给你，现在幸而得以回国登位，大臣说：‘土地是先君的土地，你流亡在外，怎么能私自答应给秦国？’我极力争辩却不能得到支持，所以向秦国道歉。”也不封给里克汾阳邑，却削夺了他的权力。四月，周襄王派周公忌父会集齐国、秦国的大夫共同拜见晋惠公。惠公因为重耳在国外，害怕里克作乱，所以赐里克自杀。对他说：“没有先生，我不能登位，虽然这样，先生也杀了两个国君一个大夫，做你的国君不也很难吗？”里克回答说：“不废弃奚

齐、悼子，你凭什么起来继位？你想杀我，还怕没有托词吗？竟然说这些！我知道命令了。”于是拔剑自杀。这时邳郑出使秦国向秦君道歉还没有回来，因此没有遇难。

晋君改葬恭太子申生。秋天，狐突到旧都去，遇上了太子申生的鬼魂，申生同他一起乘车并对他说：“夷吾不讲礼节，我已经向天帝请求，将把晋国给予秦国，秦国将会祭祀我。”狐突回答说：“我听说神不享用不是自己族人的祭品，您的祭祀恐怕要断绝了！您考虑一下吧！”申生说：“好，我将再请求上帝。十天后，新城西边将有巫师在那里看到我。”狐突答应了申生，申生就不见了。到了约定的时间，狐突前往，又看见了申生，申生告诉他说：“天帝允许惩罚有罪的人了，他将在韩大败。”儿童因此唱歌谣说：“恭太子改葬，十四年后，晋国也不兴旺，兴旺在他的兄长。”【87】

邳郑出使秦国，听说里克被杀，就劝说秦穆公：“吕省、郤称、冀芮实际是不服从的，如果送厚礼和他们共同策划，逐出晋君，让重耳回国，事情必定成功。”秦穆公答应了他，派人回报晋国，用重金收买三人，三人说：“财物丰厚，言辞甜美，这一定是邳郑在秦国出卖了晋国。”因此杀了邳郑以及里克、邳郑的党羽七舆大夫①。邳郑的儿子邳豹逃到秦国，请求秦国攻打晋国，秦穆公不听从。

惠公登位后，违背承诺不给秦国土地，也不封里克，杀了七舆大夫，国人不依附。二年（公元前 649 年），周王室派召公过拜会晋惠公，惠公礼节倨傲，召公讥笑他。

四年（公元前 647 年），晋国饥荒，向秦国买粮。穆公询问百里奚。百里奚说：“天灾发生，总会在各国交替出现，援救灾荒，抚恤邻国，这是治国的正道，应该给他们粮食。”邳郑的儿子邳豹说：“攻打他们。”穆公说：“晋国的国君恶毒，它的百姓有什么罪过？”最终给晋国粟米，从秦国的雍送到晋国的绛。

五年（公元前 646 年），秦国饥荒，向晋国买粮。晋君盘算，

---

① 七舆大夫：指太子申生所率的下军的大夫们。申生有副车七辆，每辆车有大夫主管。

庆郑说："国君借助秦国才得以登位，不久却违约不给他土地。晋国饥荒，秦国卖给我们粮食，现在秦国饥荒请求购粮，就给他粮食，迟疑什么呢？"虢射说："往年天把晋国赐给秦国，秦国不知道夺取却卖给我们粮食，现在，天把秦国赐给晋国，晋国难道可以违背天意吗？就攻打它吧！"惠公采用了虢射的计谋，不但不给秦国粮食，而且发兵去攻打秦国。秦国大怒，也发兵攻打晋国。

六年（公元前645年）春天，秦穆公领兵攻打晋国。晋惠公对庆郑说："秦军深入晋国的境内，怎么办？"庆郑说："秦国把您送回国，您违约不送给他土地；晋国饥荒秦国输送粟米，秦国饥荒晋国却背叛他，竟想趁秦国饥荒攻打它，秦军深入晋国不也很正常吗？"晋国占卜决定驾车的人和护卫的人，庆郑都是吉卦。惠公说："庆郑不恭顺。"因而改让步阳驾车，家仆徒做护卫，军队前进。九月壬戌日，秦穆公和晋惠公会战韩原。惠公的马陷在泥中不能行进，秦国的士兵到了。惠公困窘，召庆郑驾车。庆郑说："不根据占卜来选择，失败不也理所当然吗？"【88】于是离开了，改让梁繇靡驾车，虢射做卫士，迎上了秦穆公的战车。穆公的壮士打败了晋军，晋军兵败，失去了俘获秦穆公的机会，秦兵反而抓获了晋惠公而归。秦国要杀惠公祭祀天帝。晋惠公的姐姐是穆公的夫人，穿着丧服哭泣求情。穆公说："抓到晋侯本想以此为乐，你现在竟是这个样子。况且我听说箕子见到唐叔刚被封时，说：'他的后人一定会壮大。'晋国怎么能灭亡呢？"因此和晋侯在王城盟誓，答应放他回去。晋侯也派吕省等报告国人说："我即使得以归来，也没有面目见

社稷，还是占卜选择吉日立子圉为君吧！”晋国人听说后都哭了。秦穆公问吕省：“晋国意见统一吗？”吕省回答说：“不统一，百姓担心没有国君、失去父母，不惜立子圉为君，说：‘一定要雪恨报仇，宁可侍奉戎人、翟人，也不侍奉秦国。’大臣贵族则爱戴国君，知道他的罪过，等待秦国的命令，说：‘一定要报恩。’有这两种意见，所以不统一。”因此秦穆公又放还了惠公，送给他牛、猪、羊各七套。十一月，送回了晋侯。晋侯回国后，杀了庆郑，修明政治教化，谋划说：“重耳在国外，诸侯多认为送他回国有利。”想派人去狄杀死重耳。重耳听说后，逃到了齐国。

八年（公元前 643 年），派太子圉在秦国做人质。当初，惠公流亡在梁，梁伯把女儿嫁给他，生了一男一女。梁伯占卜，男孩将做人家的奴隶，女孩做人家的婢女，因此给男孩取名叫圉，女孩取名叫妾。

十年（公元前 641 年），秦国灭了梁，梁伯喜欢兴土木，修筑城池，百姓疲惫，怨声载道，他的民众多次互相惊扰，说：“秦国的强盗来了。”百姓恐惧迷惑，秦国最终灭了梁。

十三年（公元前 638 年），晋惠公病重，国内有几个儿子。太子圉说：“我母亲的娘家在梁，梁现在被秦国消灭了，我在外被秦国看轻，在内没有国人援助。国君一旦卧床不起，担心大夫看轻我，改立别的公子。”因此策划同他的妻子一起逃走归国。妻子秦女说：“您是一国的太子，屈尊在这里，秦国派我侍奉您，以此安定您的心。您逃走了，我不跟从您，也不敢说出去。”子圉因此逃回了晋国。十四年（公元前 637 年）九月，惠公去世，太子圉继位，这就是怀公。

子圉逃走，秦国怨恨他，因而寻找公子重耳，打算送他回国即位。子圉登位后，害怕秦国攻打，就命令国内所有跟随重耳流亡的人限期前来，期满不来的杀其全家。狐突的儿子狐毛、狐偃，跟随重耳在秦国，不肯召他们回国。怀公动怒，囚禁了狐突。狐突说：“我的儿子侍奉重耳有很多年了，现在召他们回来，这是教他们背叛主子，我怎么跟他们说呢？”怀公最终杀了狐突。【89】秦穆公因此派兵护送重耳回国，

派人告诉栾氏、郤氏等做内应，在高粱杀了怀公，送重耳回国。重耳登位，这就是文公。

晋文公重耳是晋献公的儿子。自幼喜欢结交士人，十七岁时，身边有五位贤人：赵衰；狐偃咎犯[①]，是文公的舅舅；贾佗；先轸；魏武子。在献公做太子时，重耳就已经长大成

① 狐偃咎犯：姓狐偃、字咎犯，又称作“舅犯”“白犯”“子犯”。

人了。献公即位时，重耳二十一岁。献公十三年（公元前664年），因为骊姬的缘故，重耳修治蒲城防守秦国。献公二十一年（公元前656年），献公杀了太子申生，骊姬进献重耳的谗言，重耳害怕了，没有向献公辞行就去据守蒲城。献公二十二年（公元前655年），献公派宦官履鞮立刻杀死重耳，重耳翻墙逃走，履鞮追上去割断了他的衣袖。重耳因此逃到狄。狄是重耳母亲的祖国，这时重耳年已四十三，带着五位贤士，其余没有名气的几十个人，到了狄。

狄人攻打咎如，得到了两位女子：长女嫁给重耳做妻子，生了伯鯈（tiáo）、叔刘；少女嫁给赵衰，生了赵盾。重耳在狄国住了五年，晋献公去世，里克杀了奚齐、悼子，就派人迎接重耳回国，打算拥立他。重耳担心被杀，因而坚决谢绝了，不敢回去。不久，晋国改为迎接他的弟弟夷吾回国，立他为君，这就是惠公。惠公七年（公元前646年），害怕重耳，就派宦官履鞮和壮士准备杀掉重耳。重耳知道后，就和赵衰等人谋划说："开始我逃到狄，并不认为可以借助它兴起，因为狄距离晋国较近，容易到达，因而暂且在这里歇脚。歇脚很久了，本来就想迁移到大国去。齐桓公喜欢行善，志在称霸，收留抚恤诸侯。现在听说管仲、隰朋去世了，齐桓公或许也想得到贤能的辅佐，何不前往呢？"因此就前往齐国。重耳对他的妻子说："等我二十五年，我如果不回来，你就改嫁吧！"他的妻子笑道："过了二十五年，我的墓上柏树也长大了。虽然这样，我还是等你。"重耳在狄一共住了十二年才离开。

重耳经过卫国，卫文公不以礼相待。重耳离开卫国经过

五鹿，他们饿了向郊野中人要吃的，郊野中人把土盛在器皿中送给他。重耳发怒，赵衰说："土，是拥有土地，您还是跪拜接受它吧！"【90】

到了齐国，齐桓公优厚地礼遇他，并把同宗的女儿给他做妻子，送给他马匹二十套，重耳安心于这种生活。重耳到了齐国两年，桓公去世了，正逢竖刀等人发动内乱，齐孝公登位，诸侯的军队几次来犯。重耳等人滞留齐国一共五年。

重耳难舍他的夫人，没有离开的意思。赵衰、咎犯就在桑树下筹划出行。夫人的侍女在桑树上听到了，把这报告了夫人。夫人就杀了侍女，劝重耳赶紧离开，重耳说：“人生在世要安逸快乐，谁知道其他的事情，我一定要终老在这里，不能离开。”夫人说：“您是一国的公子，命运不济才来到这里，几位贤士听命于您，您不速速回国，报答功臣，却贪恋女色，我替您害羞。况且不谋求回国，什么时候能成功？”【91】

因而与赵衰等谋划，灌醉了重耳，把他装在车上离开了。走了很远重耳醒来，大怒，拿戈想杀咎犯，咎犯说：“杀了我若能成全你的事业，正是狐偃的愿望。”重耳说：“事情如果不成功，我就吃舅舅的肉。”咎犯说：“事情不成功，我的肉又腥又臊，哪里值得吃！”重耳作罢，于是前行。

经过曹国，曹共公不以礼相待，想看重耳的长在一起的两根肋骨。曹国的大夫釐负羁说：“晋国的公子贤德，又与我国同姓，穷困中来访问我国，怎么可以不讲礼节呢？”曹共公不听他的劝谏。釐负羁就私下送给重耳食物，并把玉璧放在食物下边。重耳接受了食物，退还了玉璧。

离开曹国，经过宋国。宋襄公新近对楚国用兵失败，在泓之战中受伤，听说重耳贤德，就用接待诸侯的礼节接待重耳。宋国的司马公孙固和咎犯交好，说：“宋是小国，刚刚遭遇了挫折，不能够护送你们回国，你们还是改去大国吧！”因此他们离开了宋国。

经过郑国，郑文公不以礼相待。郑国的叔瞻劝他的国君说：“晋国公子贤德，而且他的随行者都是国家的栋梁之材，况且又与我国是同姓，郑国出自厉王，晋国出自武王。”郑君说：“诸侯流亡公子经过这里的很多，哪能都礼遇呢？”叔瞻说：“您如果不以礼相待，就不如杀了他，不然以后将成为郑国的祸患。”郑文公不听。

重耳离开郑国到了楚国，楚成王用接待诸侯的礼节礼遇他，重耳辞谢不敢接受。赵衰说：“您流亡在外十多年了，小国尚且轻视您，何况大国呢？现在楚是大国，却坚决要礼遇您，您可不要谦让，这是天助您啊！”因而用待客人的礼节见他。楚成王厚礼接待重耳，重耳很谦卑。成王说：“您如果回到晋国即位，用什么报答我？”重耳说：“羽毛、象牙、犀角、玉石、布帛，这是君王所富有的，我不知道用什么来回报您。”成王说：“虽然如此，还是说说用什么报答我？”重耳说：“如果将来不得已，与君王的兵车在平原广泽中交战，我将回避君王九十里。”楚国的将军子玉生气地说：“君王待晋国公子最优厚，现在重耳出言不逊，请让我杀了他。”成王说：“晋国公子贤德，却在外受困很久了，随从的人都是国家的栋梁，这是天赐的，怎么可以杀他呢？况且他不这么说，又能说什么呢？”在楚国停留了几个月，晋国的太子圉逃离秦国，秦国怨恨他，听说重耳在楚国，就邀请他前往秦国。成王说：“楚国遥远，要经过几个国家才能到晋国。秦国与晋国接壤，秦君贤明，您还是勉力前往秦国吧！”又送给重耳丰厚的礼物。

重耳到了秦国，秦穆公把同宗的五个女儿嫁给重耳，从前子圉的妻子也在其中。重耳不想接受，司空季子说：“子圉的国家尚且要夺取，何况他的旧妻呢？况且接受她是为了结好秦国，请求秦国帮助您回晋国，您竟拘泥小节，忘了大耻吗？”于是重耳就接受了。秦穆公大为高兴，和重耳一起饮酒。赵衰唱《黍苗》一诗。穆公说：“我知道您想赶紧回国。”赵衰和重耳下了座位，拜了两拜说：“我仰慕您，就像百谷盼望及时雨。”【92】这时是晋惠公十四年（公元前637年）秋天。惠公在九月去世，子圉继位。十一月，安葬了惠公。十二月，晋国大夫栾氏、郤氏等听说重耳在秦国，都暗暗来劝重耳、赵衰等回国，做内应的人很多。因此秦穆公就派兵

护送重耳回到晋国。晋国得知秦兵来了，也派兵抵抗，然而都知道是公子重耳回来了。只有惠公的显贵的旧臣吕氏、郤氏等不想拥立重耳。重耳外出流亡一共十九年才得以回来，这时年已六十二岁了，晋国人多归附他。

文公元年（公元前 636 年）春天，秦国送重耳到了黄河。咎犯说：“我跟随您辗转流亡于各国，过失也很多了。我自己尚且知道，何况您呢？请允许我从此离开您。”重耳说：“如

果回国后，有不与子犯同心的人，让河伯明察。”于是把玉璧投到黄河中，以此与子犯盟誓。【93】这时介子推随从他们一起在船中，就笑着说：“分明是天助公子，子犯却当作自己的功劳来向公子要好处，真值得羞愧，我不愿与他共事。”于是自己躲了起来。过了黄河，秦军包围了令狐，晋军驻扎在庐柳。二月辛丑日，咎犯同秦国、晋国的大夫在郇邑会盟。壬寅日，重耳接管了晋国军队。丙午日，到了曲沃。丁未日，朝拜武公之庙，登位做了晋君，这就是文公。大臣们都前往朝拜。怀公圉逃到高梁，戊申日，文公派人杀了怀公。

以前怀公的大臣吕省、郤芮本来不归附文公，文公继位后，他们害怕被杀，就与他们的部属谋划烧毁文公的宫殿，杀死文公。文公不知道。当初曾经想杀文公的宦官履鞮知道这个阴谋，想把这事告诉文公，解脱自己以前的罪过，请求见文公。文公不见他，派人责备他说："蒲城的时候，你斩断了我的衣袖。此后我跟随狄君打猎，你替惠公来杀我。惠公与你约定期限三日到达，而你一天就到了，为什么这么快啊？你还是想想吧。"宦官说："我是个宦官，不敢用二心来侍奉君主、背叛君主，所以得罪了您。您已经回国了，难道就没有反对您的人了吗？况且管仲射中了桓公的衣带钩，桓公依靠他称霸诸侯，现在我有事情告诉国君，国君却不见我，祸患又将来临了。"因此文公召见了他，他把吕省、郤芮等谋反的事情报告了文公。文公想召来吕省、郤芮，吕省、郤芮等的党羽众多，文公担心刚回国，国人出卖他，就微服出行，在王城会见秦穆公，国人没有人知道。三月己丑日，吕省、郤芮等果然造反，烧了文公的宫殿，却找不到文公，文公的卫士和他们作战，吕省、郤芮等带着军队想逃走，秦穆公引诱吕省、郤芮等，在黄河边上杀了他们，晋国恢复了平静，文公得以回来。夏天，从秦国接回夫人，秦国嫁给文公的妻子都被封为了夫人。秦国赠送三千人作为卫兵，以防备晋国内乱。

文公修明政事，施给百姓恩惠。奖赏跟随自己流亡的人和功臣，功劳大的封给城邑，功劳小的晋升爵位，还没有全部

封赏完，周襄王因为弟弟姬带作乱出逃住在郑国，来向晋国告急。晋国刚刚安定，想派兵，担心出现别的乱子，因此赏赐跟随流亡的人，忘了没有赏到隐居的介子推。介子推也不要求俸禄，所以俸禄也没有赏到他。介子推说："献公的儿子有九人，只有重耳还在，惠公、怀公没有依靠，国内外都抛弃了他们；天没有灭绝晋国，必将有君主，主持晋国祭祀的人，不是重耳又是谁？上天确实在帮助他，几位先生却认为是自己的力量，难道不是很荒谬吗？偷窃别人的财物，还被称为强盗，况且把上天成就的功业窃据为自己的功劳呢？下边的人掩饰自己的罪过，上边的君主则赏赐他们的奸猾，上下互相欺骗，我难以和这些人相处了！”他的母亲说：“何不也求取俸禄呢？你这样死去能埋怨谁？”介子推说：“明知道他们的错误却去仿效，罪过就更大了。况且我已口出怨言，不会去享用他的俸禄。”他的母亲说：“也让他知道，怎么样？”回答说：“言辞，是身体的文饰；身体将隐藏，还哪里用得上花纹修饰呢？用文辞修饰，就是想让别人知道自己。”他母亲说：“真是这样吗？我和你一起隐居吧！”于是到死不再出现。【94】

介子推的随从怜悯他，就在宫门上挂了一幅字，写道：“龙想上天，五条蛇做辅弼；龙已经升上云霄，四条蛇各自进了自己的屋宇，一条蛇独自哀怨，最终不见处所。”文公出来，看见那幅字，说：“这是介子推啊。我正担忧王室，没有来得及考虑他的功劳。”派人召请介子推，他却已经出走。于是寻找介子推所在的地方。听说进了绵上山中，因此晋文公把环绕绵上山的土地封给他，作为介子推的田地，命名叫介山，说：“以此记载我的过失，并且表彰善人。”【95】

跟随文公流亡的仆人壶叔说：“您三次行赏，都赏赐不到我，敢问我有什么罪过？”文公回答说：“以仁义引导我，用德行、恩惠来看护我，这样的人受上等赏赐；用行动辅佐我，终于让我成功登位，这样的人受次等赏赐；冒着箭矢、石头伤害的危险，立下汗马功劳，这样的人受再次一等的赏赐。如果凭力气侍奉我，对我的过失无所补救，这样的人受更次一等的赏赐。三次行赏之后，就轮到先生了。”晋国人听说后，

【95】

都心悦诚服。

二年（公元前635年）春天，秦国的军队驻扎在黄河岸边，将要护送周襄王回去。赵衰说：“寻求称霸不如护送周天子回去，尊奉周王室。周王室和晋同姓，晋国不先护送襄王回去，落在秦国后边，就没有办法号令天下。现在尊奉周天子，是晋国称霸的资本。”三月甲辰日，晋国就派兵到了阳樊[①]，

① 阳樊：周朝王畿内封邑。

包围了温邑，把襄王护送回了周。四月，杀死了周襄王的弟弟叔带，周襄王把河内阳樊的地盘赐给晋国。

四年，楚成王和诸侯包围宋国，宋国的公孙固到晋国告急。先轸说：“报答宋襄公赠马之恩，确定晋国的霸主地位，就在今天了。”狐偃说：“楚国刚和曹国结好，又与卫国通婚，如果攻打曹、卫，楚国必定救他们，那么宋国就能免遭祸患了。”因此晋国建立了三支军队。赵衰推举郤縠率领中军，郤臻辅佐他；让狐偃率领上军，狐毛辅佐他，任命赵衰为卿；栾枝率领下军，先轸辅佐他；荀林父驾兵车，魏犨做卫士，前往讨伐。冬天十二月，晋兵先攻下了山东，把原地封给了赵衰。【96】

五年（公元前632年）春天，晋文公将攻打曹国，向卫国借路，卫国人不答应。晋军迂回从黄河南边渡过，侵袭曹国，攻打卫国。正月，攻占了五鹿。二月，晋侯、齐侯在敛盂会盟。卫侯请求同晋国结盟，晋国不答应。卫侯想同楚国结盟，卫国人不答应，因此赶出卫侯以取悦晋国。卫侯居住在襄牛，公子买戍守卫国。楚国援救卫国，没有取胜。晋侯包围了曹国。三月丙午日，晋军进入了曹国，数落曹君不采用釐负羁的话，却宠幸美女，让三百名美女乘坐豪华的车子。命令军队不要进入釐负羁的宗族之地，以此报答他的恩德。楚国包围宋国，宋国又向晋国告急。晋文公想救助宋国，就要攻打楚国，但因为楚国曾有恩于晋文公，不想攻打；想撇开宋国不管，但宋国也曾经对晋国有恩德。文公很为难。先轸说："抓住曹伯，瓜分曹国、卫国的土地用来给宋国，楚国急于救助曹国、卫国，这种情势下楚国应该会放开宋国。"文公于是听从他，楚成王于是带兵回去了。

楚国的将军子玉说："君王当年用最优厚礼待晋君，现在他明知楚国会援救曹国、卫国，却故意讨伐它们，这是轻视君王。"楚成王说："晋侯流亡在外十九年，受困厄的时间很长了，终于得以回国，艰难险阻都知道，能够使用百姓，这是上天助他，不能阻挡。"子玉请求说："不敢说一定能成功，希望寻得机会堵住进谗言的嘴。"楚王发怒，给了他

很少的兵马。于是子玉派宛春告诉晋国：“请恢复卫侯的地位，归还曹国的土地，我也放过宋国。”咎犯说：“子玉没有礼节，只给了您一处好处，他取了两处好处，不能答应。”先轸说：“安定他人就叫礼节，楚国一句话而安定三国，您一句话却灭了它们，我们就失礼了。不答应楚国，这是抛弃宋国，不如私下答应恢复曹国、卫国以诱惑它们，把宛春抓起来激怒楚国，打完仗后再定计吧！”晋侯因而把宛春囚禁在卫国，私下答应恢复曹国、卫国，曹国、卫国告知楚国断绝关系。楚将子玉发怒，攻打晋军，晋军退却。军士问："为什么退却？"晋侯说："先前在楚国，约定两军交战退避九十里，怎么可以违背约定呢？"楚军想撤退，子玉不答应。【97】四月戊辰日，宋成公、齐国将军、秦国将军同晋侯驻扎城濮。己巳日，同楚军会战，楚军战败，子玉收拾残兵离开了。甲午日，晋军回到衡雍，在践土营造天子宫室。

当初，郑国帮助楚国，楚国失败，郑伯害怕，派人请求与晋侯会盟。晋侯就与郑伯签订盟约。

五月丁未日，把楚国的俘虏献给周天子，驷马披甲的战车一百套，步兵一千人。周天子派王子虎任命晋侯为伯，赐给他大车、红色的弓及箭一百支、黑色的弓和箭一千支，用黑黍和郁金香草酿成的酒一坛、玉制的印信，以及勇士三百名。晋侯辞谢了三次，然后叩头接受了。周天子写了《晋文侯命》："天子说：你能以正义团聚诸侯，使文王、武王伟大显赫，能够慎重修养英明的德性。感动天帝，传播人间，因此天帝把天命集中在文王、武王身上，你应当忧劳顾念我，那么我在王位上就能长治久安。"从此晋文公称伯。五月癸亥日，王子虎在践土行宫中与诸侯盟誓。

晋军火烧楚军，火焰几天不灭，晋文公叹息。左右的人问："战胜了楚国，君王却忧虑，为什么？"文公说："我听说取胜之后能够心安的只有圣人，因此担心。况且子玉还活着，怎么可以高兴呢？"子玉兵败回国，楚成王生气他不听自己的话，与晋恋战，责备子玉，子玉便自杀了。晋文公说："我攻打楚国的外部，楚君诛灭它的内部，内外互相配合。"这时才高兴了。

六月，晋侯又恢复了卫侯的地位。壬午日，晋侯渡过黄河向北回到晋国，论功行赏，狐偃是头功。有人说："城濮之战，是先轸的计谋。"文公说："城濮之战，狐偃劝我不要失去信义，先轸说：'作战以胜利为上。'我采用了建议因而获胜，然而这不过是功在一时的建议，而狐偃说的才是千秋万代的功劳，怎么能把一时的胜利置于千秋万代的功劳之上呢？因而以狐偃的功劳为先。"

冬天，晋侯在温邑会合诸侯，想率领他们朝拜周王室，因为力量不足，恐怕有叛逆的人，就派人劝周襄王在河阳狩猎。壬申日，就率领诸侯在践土朝拜周襄王。孔子读史读到晋文公时，说："诸侯不能召天子前往。""天子在河阳打猎"是《春秋》故意讳言这件事。

丁丑日，诸侯包围许国，曹伯的臣子中有人劝说晋侯道："齐桓公会合诸侯而扶植异姓国家，现在君王您会合诸侯却消灭同姓国家，曹是叔振铎的后代，晋是唐叔的后代。会合诸侯却消灭兄弟之国，不合礼。"晋侯听了很高兴，让曹伯复位。

这时晋国开始设置左、中、右三军。荀林父率领中军，先縠率领右军，先蔑率领左军。

七年（公元前630年），晋文公、秦穆公共同包围了郑国，因为郑国在文公流亡经过时没有礼节，以及城濮之战时郑国帮助楚国。晋、秦围困郑国，想抓获叔瞻。叔瞻知道后自杀了。郑国把叔瞻的尸体带来报告晋文公，晋文公说："一定要得到郑君之后才满意。"【98】郑国害怕，就暗中派人对

【98】

秦穆公说：“灭亡郑国，使晋国强盛，对于晋是得到好处了，而对秦国却没得到好处，君王何不解救郑国，使郑国得以做秦国东方路上的友邦呢？”秦穆公很高兴，于是撤军，晋国也只好撤军了。

九年（公元前628年）冬天，晋文公去世，儿子襄公驩继位，这年，郑伯也去世了。

郑国有人向秦国出卖郑国，秦穆公派兵前往袭击郑国。

十二月，秦军经过晋国的郊野。晋襄公元年（公元前 627 年）春天，秦军经过周，没有礼节，王孙满讥刺他们。秦军到了滑，郑国的商人弦高将要去周做生意，正好碰上了，用十二头牛犒劳秦军，秦军惊慌而退，消灭了滑离开了。

晋国的先轸说："秦伯不听从蹇叔的意见，违反百姓的心愿，此时可以攻打。"栾枝说："没有向秦国报答它对先王的恩惠，攻打它是不可取的。"先轸说："秦国欺侮我们刚失去父亲的君王，攻打我们的同姓诸侯，报什么恩德呢？"于是攻打它，襄公把白色的丧服涂了墨。四月，在崤山打败秦军，俘虏了秦国的三位将军孟明视、西乞秫、白乙丙而回。晋人穿着黑色的丧服埋葬了文公。文公的夫人是秦国的女子，对襄公说："秦国想得到三位将军，自己杀了他们。"襄公答应了，放他们回去。先轸知道了，对襄公说："祸患产生了。"先轸于是追赶秦国的三位将军。秦国的三位将军渡黄河，已经在船上了，叩头谢罪，最终没有返回。

三年后，秦国果然派遣孟明视攻打晋国，报崤之战失败之仇，夺取了晋国的汪邑回去了。四年（公元前 624 年），秦穆公大举兴兵攻打晋国，渡过黄河，夺取了王官，埋葬了崤之战中阵亡兵士的尸骸后离开了。晋国害怕，不敢出战，因而坚守城池。五年（公元前 623 年），晋国攻打秦国，夺取了新城，报王官之战失败之仇。

六年（公元前 622 年），赵成子衰、栾贞子、咎季子犯、霍伯都去世了。赵盾接替赵衰执掌国政。

七年（公元前 621 年）八月，晋襄公去世。太子夷皋年少。晋国人因为患难多的缘故，想立年长的国君。赵盾说："立襄公的弟弟雍。他喜欢善事，年龄较大，先王喜欢他；而且和秦国亲近，是秦国的故交。立善良的人为君就会稳固，侍奉年长的人就顺乎常理，尊奉先王喜爱的人这就是孝顺，结交故人就会平安。”贾季说：“不如他的弟弟乐。辰嬴受到怀公、文公的宠幸，立她的儿子，百姓一定会安心服从他。”赵盾说：“辰嬴卑贱，地位在九位妃嫔之下，她的儿子有什么威望。况且受到两位国君的宠幸，这是淫乱。作为先王的儿子，不能寻求大国支持却在小国隐居，偏远无援。母亲淫乱，儿子身处僻远之地，没有威信；陈国国小遥远，没有外援，这怎么行呢！”派士会到秦国去迎接公子雍。贾季也派人从陈国召回公子乐。赵盾废黜了贾季，因为他杀死了阳处父。七月份，安葬了晋襄公。十一月，贾季逃到翟，这年，秦穆公也去世了。

晋灵公元年（公元前620年）四月，秦康公说：“从前文公回国时没有护卫，因而有吕氏、郤氏的祸患。”因此给予公子雍许多卫士。太子的母亲缪嬴，日夜抱着太子在朝廷大声哭泣，说：“先君有什么罪过？他的继承人又有什么罪过？舍弃嫡子却在外寻找国君，将怎么安置太子呢？”出了朝廷，就抱着太子来到赵盾的家，叩头说：“先君捧着这个孩子托付给您，说：‘这孩子如有才能，我接受你的祭祀；没有才能，我怨恨你。’现在国君去世，说话的声音还在耳边萦绕，您却抛弃他的嘱托，为什么？”【99】赵盾和大夫们都担心缪嬴，并且害怕杀身之祸，因而背弃所接回的公子雍，立太子夷皋，这就是灵公。晋国派兵抵抗秦国护送的公子雍，赵盾作统帅，前往攻打秦国，在令狐打败了秦军。先蔑、随会逃到秦国。秋天，齐、宋、卫、郑、曹、许的国君都来

会见赵盾，在扈邑会盟，因为灵公刚即位的缘故。

四年（公元前 617 年），攻打秦国，攻占了少梁。秦国也夺取了晋国的崤邑[1]。六年（公元前 615 年），秦康公攻打晋国，夺取了羁马。晋侯发怒，派赵盾、赵穿、郤缺攻击秦国，在河曲大战，赵穿功劳最大。七年（公元前 614 年），

① 此处疑误，《十二诸侯年表》与《左传》均作“北徵”。

晋国的六位卿士担心随会在秦国，经常挑起晋国内乱，就假装让魏寿馀反叛晋国投降秦国，秦国派随会到魏，因而抓获了随会送回晋国。

八年（公元前 613 年），周顷王去世，周王室的公卿争夺权力，因此不去诸侯国报丧。晋国派赵盾带着八百辆兵车平定了周王室的内乱，拥立了周匡王。这年，楚庄王刚刚登位。十二年（公元前 609 年），齐国人杀了他们的国君齐懿公。

十四年（公元前 607 年），灵公长大成人，生活奢侈，大肆征收赋税，以修筑宫墙。他在台上用弹弓射人，观看人躲避弹丸。厨师烹熊掌没有做熟，灵公动怒，杀了厨师，让妇人抬出他的尸体出去丢弃，经过朝廷。赵盾、随会上前几次进谏，不听从；不久又看见了死人的手，两人前往进谏。随会先进谏，灵公不听。灵公害怕他们，派晋国力士钼（chú）麑（ní）刺杀赵盾。赵盾内室门敞开，他居处十分节俭，钼麑退下，感叹说："杀忠良的大臣，背弃国君的命令，罪行一样。"因此撞树而死。

当初，赵盾经常在首山打猎，一次，看见桑树下有个饥饿的人。饥饿的人是示（shí）眯明。赵盾给他食物，他吃了一半，赵盾问原因，他说："在外求官三年，不知道母亲是否还活着，希望把剩下的食物送给母亲。"赵盾认为他是个义士，又多给了他饭食和肉。【100】不久，示眯明做了晋国的厨师，赵盾不再知道他了。九月，晋灵公赐给赵盾酒喝，埋伏甲兵将要攻打赵盾。灵公的厨师示眯明知道这件事，恐怕赵盾醉了不能起来，上前说："国君赐臣下饮酒，喝了三杯就可以不喝了。"想以此让赵盾离开，让他先走，不要赶

上祸事。赵盾离开了，灵公埋伏的甲兵没有集合，先放出一只名叫獒的狗去咬赵盾，示眯明替赵盾打死了狗。赵盾说："不用人而用狗，即使凶猛有什么用。"【101】然而不知道示眯明暗中的帮助。不久，灵公派出埋伏的甲兵来追逐赵盾，示眯明反过来攻打灵公埋伏的甲兵，埋伏的甲兵不能前进，终于让赵盾逃脱了。赵盾问他缘故，说："我是桑树下那个饥饿的人。"问他的名字，不告诉赵盾。示眯明也因此逃走了。

赵盾因而出逃，还没有逃出晋国境内。乙丑日，赵盾的兄弟、将军赵穿在桃园袭击杀死了灵公，接赵盾回去。赵盾一向显贵，得到百姓的拥护，灵公年少，生活奢侈，百姓不归附，因而刺杀他比较容易。赵盾恢复官位。晋国的太史董狐写道："赵盾杀了他的国君。"把它拿到朝廷传看。赵盾说："杀灵公的是赵穿，我没有罪过。"太史说："您是正卿，逃亡没有出国境，回来不平定叛乱，不是您又是谁呢？"孔子听说后，说：“董狐是古代很好的史官，写历史的原则是不隐晦。赵宣子是很好的大夫，因为礼法蒙受恶名，可惜啊，他出了国境就会免受罪责了。”

赵盾派弟弟赵穿从周接回了襄公的弟弟黑臀立为国君。这是晋成公。

晋成公是晋文公的小儿子，他的母亲是周王室的女子。壬申日，去武宫朝拜祖先。

成公元年（公元前 606 年），赐赵氏做了公族大夫。攻打郑国，是因为郑国背叛晋国。三年（公元前 604 年），郑伯刚继位。依附晋国背弃了楚国。楚国发怒，攻打郑国，晋国前往援救郑国。

六年（公元前 601 年），攻打秦国，俘虏了秦国将领赤。

七年（公元前 600 年），成公与楚庄王争强，在扈会合诸侯，陈国害怕楚国，不参加会盟。晋国派中行桓子攻打陈国，因而援救郑国，与楚军作战，打败了楚军。这年，成公去世，儿子景公据继位。

景公元年（公元前 599 年）春天，陈国的大夫夏徵舒杀了他的国君陈灵公。二年（公元前 598 年），楚庄王攻打陈国，杀了夏徵舒。

三年（公元前 597 年），楚庄王包围了郑国，郑国向晋国告急，晋国派荀林父率领中军，随会率领上军，赵朔率领下军，郤克、栾书、先縠、韩厥、巩朔辅佐他们。六月，到了黄河，得知楚国已经降服了郑国，郑伯袒露上身表示服罪，与楚国结盟，楚军离开了。荀林父想撤回。先縠说：“我们所以来，是为了救郑国，不可以不去，否则将领士兵会离心离德的。”终于过了黄河。楚国已经打败了郑国，想饮马黄河再回去。楚军与晋军大战，郑国刚刚依附楚国，害怕楚国，反过来帮助楚军攻打晋军。晋军失败，逃到黄河边，争抢着过河，因船只不足，先上船的士兵用刀乱砍攀附船舷的后来士兵的手指，导致船上有很多手指头。楚国俘虏了晋国的将军智罃（yīng）。回来后荀林父说：“我是主将，作战失败应当处死，请让我死吧。”景公准备答应他。随会说：“昔日文公与楚国在城濮作战，楚成王回去后杀了子玉，文公才高兴了。现在楚国已经打败了我们的军队，又杀死自己的将领，这是帮助楚国杀死它的仇人。”于是景公阻止了荀林父的自杀。

四年（公元前 596 年），先縠因为首先出谋划策，致使晋军在黄河上失败，害怕被杀，就逃到翟，同翟策划攻打晋国。晋国发觉了，就灭了先縠的家族。先縠是先轸的儿子。

五年（公元前 595 年），讨伐郑国，因为它帮助楚国。这时，楚庄王强大，因为在黄河上挫败了晋军。

六年（公元前 594 年），楚国攻打宋国，宋国来向晋国求救。晋国想援救，伯宗分析说：“上天正帮助楚国，不可抵挡。”于是派解扬假称救宋国。郑国人抓到他送给楚国，楚国给他丰厚的赏赐让到宋国说反话，使宋国尽快投降。解扬假装答应了，最终却说了晋国国君让他说的话。楚国想杀他，有人劝阻，就放还了解扬。

七年（公元前 593 年），晋国派随会消灭了赤狄。

八年（公元前 592 年），晋国派郤克出使齐国。齐顷公的母亲从楼上观看取笑他。之所以这样，是因为郤克驼背，鲁国的使者跛足，卫国的使者眼瞎，因而齐国派了驼背、瘸子和瞎了一只眼的人来引导客人。郤克发怒，回国到了黄河边，说："不向齐国报仇，河伯作证！"到了晋国，向国君请求，想攻打齐国。景公问明了原因，说："您个人的仇怨，怎么值得麻烦国家。"没有听从。魏文子请求告老休养，以避开郤克，郤克执掌国政。

九年（公元前 591 年），楚庄王去世。晋国讨伐齐国，齐国让公子彊在晋国做人质，晋国撤军。

十一年(公元前589年)春天,齐国攻打鲁国,夺取了隆邑。鲁国向卫国告急，卫国与鲁国都通过郤克向晋国告急。晋国就派郤克、栾书、韩厥用八百辆兵车同鲁国、卫国一起攻打齐国。夏天，在鞍地同齐顷公作战，齐顷公负伤受困。顷公就同他的卫士换了座位，下车取水喝，乘机得以逃脱。齐国的军队失败逃走，晋国追击败兵到了齐国。齐顷公想献出宝物来求和，不听从。郤克说："一定要得到萧桐侄子做人质。"齐国的使者说："萧桐侄子是顷公的母亲，顷公的母亲就像晋侯的母亲，为什么一定要得到呢？这不合道义，我们请求重新开战。"晋国因此答应讲和，从齐国撤走了军队。【102】

楚国的申公巫臣偷抢了夏姬逃到晋国，晋国用巫臣做了邢邑的大夫。

十二年（公元前 588 年）冬天，齐顷公到晋国，想尊奉晋景公为王，景公谦让不敢接受。晋国开始设置六军，韩厥、巩朔、赵穿、荀骓、赵括、赵旃（zhān）都做了卿。智罃从楚国回来。

十三年(公元前587年),鲁成公朝拜晋国,晋国不尊重他,

【102】

成公生气地离开了，背弃了晋国。晋国讨伐郑国，夺取了氾邑。

十四年（公元前 586 年），梁山崩塌。问伯宗，伯宗认为不足为怪。

十六年（公元前 584 年），楚将子反怨恨巫臣，灭了他的家族。巫臣发怒，送给子反一封信说：“我一定要使您疲于奔命。”于是请求出使吴国，让他的儿子做了吴国的行人，教吴国人乘坐战车、使用兵器，吴、晋开始沟通，相约攻打楚国。

十七年（公元前 583 年），晋国杀了赵同、赵括，灭了他们的家族。韩厥说："赵衰、赵盾的功劳怎么可以忘记呢？为什么要断绝他们的祭祀！"就又让赵氏庶出的儿子赵武做了赵氏的继承人，又给他封邑。

十九年（公元前 581 年）夏天，景公生病，立他的太子寿曼做国君，这就是厉公。一个多月后，景公去世。

晋厉公元年(公元前580年),厉公刚继位,想和诸侯亲近，与秦桓公隔河盟誓。回去后秦国背弃了盟约，同翟人谋划攻打晋国。三年（公元前 587 年），派吕相责备秦国，接着和诸侯一起攻打秦国。到了泾水，在麻隧打败秦国，俘虏了秦国的将军成差。

五年(公元前 576 年),郤锜、郤犨、郤至谗言中伤伯宗，厉公杀了他。伯宗因为喜欢直言进谏遭了这样的祸患，晋国人因此不归附晋厉公。

六年(公元前 575 年)春天，郑国背弃晋国与楚国结盟，晋国发怒。栾书说："不能在我们执政的时候失去诸侯。"因此派兵。晋厉公自己统率军队，五月渡过黄河。得知楚军来援救，范文子请求厉公，想撤回，郤至说："派兵消灭叛逆，见到敌人强大就躲避，没有什么用来号令诸侯的了。"因而与楚军作战。癸巳日，射中了楚共王的眼睛，楚军在鄢陵失败。子反收集残兵，训练后准备再战，晋国对此担心。楚共王召见子反，他的侍从竖阳穀送酒喝，子反醉了，不能去见楚王。共王大怒，责备子反，子反自杀。共王因而带兵回去。晋国从此威震诸侯，想号令天下，寻求霸主地位。

厉公在外宠爱的姬妾有很多，回来之后，想把大夫们都除去，用姬妾们的兄弟为大夫。宠姬的哥哥叫胥童，曾经和郤至有仇怨，等到栾书埋怨郤至不采用他的计策打败楚国，就派人暗中和楚国勾结。楚国来骗厉公说：“鄢陵之战，实际上是郤至引来楚军，他想作乱，把子周接回来立为国君。适逢盟国没有一起来，因此事情不成功。”厉公告诉栾书。栾书说：“大概有这回事吧！希望您派人到周都，暗中考察他。”果然派郤至去周都。栾书又让公子周见郤至，郤至不知道被出卖，厉公考验他，发现果真这样，因此埋怨郤至，想杀掉他。八年（公元前 573 年），晋厉公狩猎，与姬妾饮酒，郤至杀猪献给厉公，宦官夺过来，郤至射杀了宦官。【103】厉公大怒，说：“季子欺侮我！”将要诛杀三郤，还没有行动。郤锜准备攻打厉公，说：“我即使死了，厉公也大伤元气。”郤至说：“讲究信义，不能背叛国君；追求智慧，不能残害百姓；想要勇敢，不能作乱，失去了这三样品行，谁支持我呢？我死算了！”十二月壬午日，厉公命令胥童带八百兵士袭击杀死了三郤。胥童因此在朝廷上劫持了栾书、中行偃，说：“不杀这两人，祸患一定会降临到厉公身上。”厉公说：“一天杀了三位卿士，我不忍心再杀了。”胥童说：“别人将忍心杀您。”厉公没有听从，向栾书道歉，并数说了郤氏的罪恶：“请大夫们恢复原位吧。”二人叩头说：“很庆幸，很庆幸！”厉公用胥童做卿。闰月乙卯日，厉公在宠臣匠骊氏家游玩，栾书、中行氏率领他们的党羽偷袭捕获了厉公，囚禁了他，杀死了胥童，派人从周都接回了公子周立为国君，这就是悼公。

悼公元年（公元前 572 年）正月庚申日，栾书、中行偃杀害了晋厉公，用一辆乘车安葬了他。厉公囚禁六天被杀死，死后十天，庚午日，智罃接公子周回来，到了绛，杀鸡和大夫们盟誓，立他为君，这就是悼公。辛巳日，到武宫朝拜。二月乙酉日，登位。

晋悼公周的祖父捷是晋襄公的小儿子，没有被立为君，称为桓叔，桓叔最受宠爱。桓叔生了惠伯谈，谈生了悼公周。周继位的时候年仅十四岁。悼公说：“祖父、父亲都没有被立为君，在周避难，客死在那里。我自以为和公室关系疏远，没有希望做国君。现在大夫们不忘文公、襄公的意愿立桓叔的后人为君主。依赖宗庙、大夫的威灵，得以主持晋的祭祀，哪敢不战战兢兢呢？大夫也要辅佐我。”因此驱逐不臣服的七人，重兴祖宗旧业，施恩惠，收用文公回国时功臣的后人。秋天，攻打郑国，郑国的军队失败，因而到了陈国。

三年（公元前 570 年），晋国会合诸侯。悼公询问大臣中值得信用的人，祁傒举荐解狐，解狐是祁傒的仇人。又询问，举荐他的儿子祁午。君子说：“祁傒称得上不结私党了。举荐外人不隐瞒仇人，举荐自己人不回避儿子。”正在会合诸侯，悼公的弟弟杨干冲乱了队列，魏绛杀了他的车夫。悼公发怒，有人劝谏悼公，悼公最终认为魏绛贤能，把政事交付给他，让他联络戎人，戎人特别亲附。十一年（公元前 562 年），悼公说：“自从我用魏绛，九次与诸侯会盟，抚顺戎人、翟人，这是魏绛的功劳。”赐给魏绛乐器，谦让三次才接受。冬天，秦国夺取晋国的栎邑。

十四年（公元前 559 年），晋国派六卿率领诸侯攻打秦国，渡过泾水，大败于秦军，到了棫林才离开。

十五年（公元前 558 年），悼公向乐师师旷询问治国的方法。师旷说：“只以仁义作为根本。”冬天，悼公去世，儿子平公彪继位。

晋平公元年（公元前 557 年），攻打齐国，齐灵公与晋军在靡下会战，齐军失败逃跑。晏婴说：“国君也没有勇气了，为什么不停止打仗？”齐军只好离开了。晋军追击，因而包围了临菑，外城烧光了，杀光了人。东到胶河，南到沂水，

齐国都坚守城防，晋国才领兵回去。

六年(公元前552年)，鲁襄公朝拜晋侯。晋国栾逞犯了罪，逃到齐国。八年(公元前550年)，齐庄公暗中派栾逞到曲沃，派兵跟着他。齐军上了太行山，栾逞从曲沃中途回来，袭击进入了绛。绛没有守备，晋平公想自杀，范献子劝阻了平公，用他的亲信攻打栾逞，栾逞失败逃回曲沃。【104】曲沃人攻打栾逞，栾逞死了，因而灭了栾氏的宗族。栾逞是栾书的孙子。他进入绛，与魏氏策划。齐庄公听说栾逞失败了，就撤军，夺取了晋国的朝歌而去，以报临菑之战的失败之仇。

十年（公元前548年），齐国的崔杼杀了他的国君庄公。晋国趁齐国内乱，讨伐齐国，在高唐打败了齐国而去，报太行之战的仇怨。

十四年（公元前544年），吴国延陵季子出使来到晋国，与赵文子、韩宣子、魏献子谈话，说："晋国的政权，最终归到这三家了。"

十九年（公元前539年），齐国派晏婴到晋国来，与叔向谈话。叔向说："晋国到了末世，国君收取高额赋税，修筑高台深池，不顾朝政，政事被卿大夫们控制，怎么能长久呢？"晏子同意他的说法。

二十二年（公元前536年），攻打燕国。二十六年（公元前532年），平公去世，儿子昭公夷继位。

昭公六年（公元前526年）去世，六卿强大，公室卑微。儿子顷公去疾继位。

顷公六年（公元前520年），周景王去世，王子们争做天子。晋国的六卿平定周王室内乱，拥立了周敬王。

九年（公元前517年），鲁国季氏驱逐了他的国君鲁昭公。昭公住在乾侯。十一年（公元前515年），卫国、宋国派使者请求晋国送昭公回国。季平子私下贿赂范献子，范献子接受了，就对晋侯说："季氏没有罪。"最后没有送鲁昭公回国。【105】

十二年（公元前514年），晋国宗室祁傒的孙子、叔向的儿子，在国君面前互相说坏话。六卿想削弱公室，就按法制灭绝了他们的宗族，把他们的封邑分为十个县，让各自的

儿子做大夫。晋国公室更弱了，六卿都强大。

十四年（公元前512年），顷公去世。儿子定公午继位。

定公十一年（公元前501年），鲁国的阳虎逃到晋国，赵鞅简子收留了他。十二年（公元前500年），孔子做了鲁国的相。

十五年（公元前497年），赵鞅让邯郸大夫午做使者，午没有信用，想杀了午。午与中行寅、范吉射亲自攻打赵鞅，赵鞅逃走，据守晋阳。晋定公围了晋阳。荀栎、韩不信，魏侈和范氏、中行氏是仇家，因而移师攻打范氏、中行氏。范氏、中行氏造反，晋君攻打他们，打败了范氏、中行氏。范氏、中行氏逃到朝歌，据守朝歌。韩、魏替赵鞅向晋君谢罪，才赦免了赵鞅，恢复他的职位。二十二年（公元前 490 年），晋国打败了范氏、中行氏，两人逃到齐国。

三十年（公元前 482 年），晋定公和吴王夫差在黄池相会，争执位次，赵鞅这时跟随晋君，最终以吴为盟主。

三十一年（公元前 481 年），齐国田常杀死了他的国君齐简公，立简公的弟弟骜为平公。三十三年（公元前 479 年），孔子去世。

三十七年（公元前 475 年），定公去世，儿子出公凿继位。

晋出公十七年（公元前 458 年），智伯与赵氏、韩氏、魏氏共同瓜分了范氏、中行氏的土地，作为自己的封邑。晋出公发怒，向齐国、鲁国报告，想借助他们攻打四位卿士。四位卿士害怕，就反过来攻打出公。晋出公逃往齐国，在路上死了。因而智伯就立昭公的曾孙骄为晋君，这就是哀公。

哀公的祖父雍是晋昭公的小儿子，称为戴子。戴子生了忌。忌和智伯友善，他死得早，因此智伯想全部吞并晋国，但又不敢，就立忌的儿子骄为国君。在这时，晋国政事都由智伯决定。晋哀公不能限制他的行动。智伯因而占有了范氏、中行氏的土地，势力最强大。

哀公四年（公元前 453 年），赵襄子、韩康子、魏桓子共同杀死了智伯，全部吞并了他的土地。

十八年（公元前 438 年），哀公去世，儿子幽公柳继位。

【106】

幽公时，晋国畏惧，反而朝拜韩、赵、魏的君主，晋室只拥有绛、曲沃，其余都归了三晋。【106】

十五年（公元前424年），魏文侯刚即位。十八年（公元前420年），幽公奸淫妇女，夜里偷偷地出城，强盗杀了幽公。魏文侯带兵平定了晋国的祸乱，立幽公的儿子止，这就是烈公。

烈公十九年（公元前403年），周威烈王赐韩、赵、魏称诸侯。

二十七年（公元前393年），烈公去世，儿子孝公颀继位。孝公九年（公元前386年），魏武侯刚即位，袭击邯郸，没有获胜就离开了。十七年（公元前378年），孝公去世，儿子静公俱酒继位。这年，是齐威王元年。

静公二年（公元前376年），魏武侯、韩哀侯、赵敬侯灭了晋国之后三分晋的土地，静公被贬为普通百姓，晋国灭绝，断了祭祀。

太史公说：晋文公是古代所谓的明君，流亡在外十九年，生活困顿拮据，到即位后论功行赏，尚且忘了介子推，何况骄傲的君主呢？灵公被杀后，他的后人成公、景公十分严酷，到了厉公时更加刻薄寡恩，大夫们担心被杀，祸乱产生了。悼公之后日渐衰弱，六位卿士专权。所以做君主的驾驭臣下，本来就不容易啊！

知识拓展

齿牙为祸

释义：指谗言拨弄，造成灾祸。

出处：《史记·晋世家》："初，献公将伐骊戎，卜曰'齿牙为祸'。及破骊戎，获骊姬，爱之，竟以乱晋。"

董狐笔

释义：指春秋时晋国史官董狐在史策上直书晋卿赵盾弑其君的事。后用以称直笔记事、无所忌讳的笔法为"董狐笔"。

出处：《史记·晋世家》："晋太史董狐书曰'赵盾弑其君'，以视于朝。盾曰：'弑者赵穿，我无罪。'太史曰：'子为正卿，而亡不出境，反不诛国乱，非子而谁？'孔子闻之，曰：'董狐，古之良史也，书法不隐。宣子，良大夫也，为法受恶。惜也，出疆乃免。"

史记卷四十

楚世家

扫描二维码
阅读本篇原文

庄王　灵王　怀王　张仪　陈轸　屈原　顷襄王
春申君

楚国的祖先是帝颛顼高阳的后代。高阳是黄帝的孙子、昌意的儿子。高阳生了称，称生了卷章，卷章生了重黎。重黎做帝喾高辛的火正[1]，很有功绩，能够光耀天下，帝喾封他为祝融。共工氏发动叛乱，帝喾派重黎诛灭却没有除尽乱党，帝喾就在庚寅日杀了重黎，用他的弟弟吴回做重黎的继承人，仍然做火正，称为祝融。

吴回生了陆终。陆终生了六个儿子，剖腹生下来的。长子叫昆吾；二子叫参胡；三子叫彭祖；四子叫会人；五子叫曹姓；六子叫季连，姓芈，楚国就是他的后代。昆吾的后人，夏代曾是侯伯，夏桀时被商汤消灭了。彭祖后人，商代曾经做了侯伯，商朝末年被消灭了。季连生了附沮，附沮生了穴熊，此后衰落了，有的在中原，有的在蛮夷，无法搞清楚世系了。

周文王时，季连的后代是鬻熊。鬻熊以弟子之礼侍奉文王，他死得早。他的儿子叫熊丽，熊丽生了熊狂，熊狂生了熊绎。熊绎正当周成王时，周成王起用文王、武王时功臣的后人，因而把熊绎封在楚蛮，封给他子男的爵位和土地，以

① 火正：官名，执掌火。

【107】

芈为姓，住在丹阳。楚子熊绎和鲁公伯禽、卫康叔子牟、晋侯燮、齐太公子吕伋一起侍奉成王。

熊绎生了熊艾，熊艾生了熊黖（dá），熊黖生了熊胜。熊胜让弟弟熊杨做继承人。熊杨生了熊渠。熊渠生了三个儿子。正当周夷王时，周王室衰微，诸侯有的不来朝拜，互相攻打。熊渠很得长江、汉江一带的民心。因而起兵攻打庸、杨粤，到了鄂。熊渠说：“我是蛮夷，不遵从中原的封号、谥号。”因而立长子康为句亶王，中子红为鄂王，小儿子执疵[1]为越章王，都在长江边楚蛮的地域上。【107】到周厉王时，暴虐无道，熊渠畏惧他攻打楚，又去掉了王的称号。

熊渠的后代是熊毋康，但毋康早死。熊渠去世，儿子熊挚红继位。挚红去世，他的弟弟叫熊延，杀死继位者取而代之。熊延生了熊勇。熊勇六年（公元前842年），周都人发动叛乱，攻击周厉王，厉王出逃到彘。熊勇十年（公元前838年）去世，弟弟熊严继位。熊严十年（公元前828年）去世。他有四个儿子，长子伯霜，中子仲雪，次子叔堪，四子季徇。熊严去世，长子伯霜继位，这就是熊霜。

熊霜元年（公元前827年），周宣王继位登基。熊霜六年（公元前822年）去世，三个弟弟争夺君位。仲雪死了；叔堪流亡，在濮避难；小弟季徇登位，这就是熊徇。熊徇十六年（公元前806年），郑桓公刚被封在郑。二十二年（公元前800年），熊徇去世，儿子熊咢继位。熊咢九年（公元前791年）去世，儿子熊仪继位，这就是若敖。

若敖二十年（公元前771年），周幽王被犬戎所杀，周都东迁，秦襄公开始列为诸侯。二十七年（公元前764年），若敖去世，儿子熊坎即位，这就是霄敖。霄敖六年（公元前758年）去世，儿子熊眴（xuàn或shùn）即位，这就是蚡冒，蚡冒十三年（公元前745年），晋国开始内乱，因为晋昭侯把叔叔成师分封在了曲沃。蚡冒十七年（公元前741年）去世，蚡冒的弟弟熊通杀了蚡冒的儿子取而代之，这就是楚武王。

---

① 此处疑误，后文作“延”，应为一人。

楚武王十七年（公元前724年），晋国的曲沃庄伯杀死了宗主国的晋孝侯。十九年（公元前722年），郑伯的弟弟段发动叛乱。二十一年（公元前720年），郑国侵占了周天子的土地。二十三年（公元前718年），卫国谋杀了卫桓公。二十九年（公元前712年），鲁国谋杀了鲁隐公。三十一年（公元前710年），宋国的太宰华督杀了宋殇公。

三十五年（公元前706年），楚国攻打随国。随国人说："我们没有罪。"楚国说："我是蛮夷。现在诸侯都互相背叛、侵犯，有的互相残杀，我有军队，想以此参与中原诸国的政事，请周王室提升我的爵位。"随国人替楚国去了周都，周王室不听从，随国人回来向楚国报告。三十七年（公元前704年），楚国的熊通恼怒地说："我的祖先鬻熊是文王的老师，早死。成王起用我的先祖，就把子男的田产赐给他让他居住在楚，蛮夷都顺从驯服，天子不提升楚的地位，那我就自己给自己提升了。"因而就自立为武王，同随国人结盟后离开了。从此开始开发濮地并且占有了那里。

五十一年（公元前690年），周召见随侯，数落他拥立楚子为王。楚国动怒，因为随背叛楚，攻打随国，楚武王在军中去世，于是撤军了。儿子文王熊赀（zī）继位，开始定都郢。

楚文王二年（公元前688年），攻打申，经过邓，邓国人说："楚王容易捉拿。"邓侯不答应。六年（公元前684年），楚国攻打蔡国，俘虏了蔡哀侯回来了，不久释放了他。楚国强大，欺凌长江、汉江之间的小国，小国都怕它。十一年（公元前679年），齐桓公开始称霸。楚国也开始强大。【108】

【108】

十二年（公元前678年），楚国攻打邓国，消灭了它。十三年（公元前677年），楚文王去世，儿子熊艰继位，这就是庄敖[1]。庄敖五年（公元前672年），想杀他的弟弟熊恽（yùn），熊恽逃到随，与随一起偷袭杀了庄敖，代立为君，这就是成王。

① 庄敖：一作“堵敖”“杜敖”。

楚成王熊恽元年（公元前 671 年）刚即位，积德施恩，和诸侯重修旧好，派人向天子献礼，天子赐给胙肉，说：“平定你们南方夷、越的纷乱，不要侵犯中原诸侯。”这时，楚国土地方圆达到千里。

十六年（公元前 656 年），齐桓公带兵侵犯楚国，到了陉山。楚成王派将军屈完率兵抵御，与齐桓公订立盟约，桓公责备楚国应向周交的贡品没有送达王室。楚答应进贡，于是齐军离去了。

十八年（公元前 654 年），成王带兵北伐许，许君袒露身体请罪，才放了他。二十二年（公元前 650 年），攻打黄国。二十六年（公元前 646 年）灭了英国。【109】

三十三年（公元前 639 年），宋襄公想举行诸侯会盟，召楚国前往。楚成王恼怒："他竟然敢召我去，我定将假意前往，袭击羞辱他。"于是前去赴会，到了盂，就抓住宋襄公侮辱他，不久放他回国。

三十四年（公元前 638 年），郑文公到南方朝拜楚国。楚成王北伐宋国，在泓打败了宋，用箭射伤了宋襄公，襄公于是因创伤病死。

三十五年（公元前 637 年），晋公子重耳访问楚国，楚成王用待诸侯的礼节来款待他，赠送厚礼，送他到秦国。

三十九年（公元前 633 年），鲁僖公来请求出兵讨伐齐国，楚国派申侯领兵攻打齐国，夺取了穀，把齐桓公的儿子雍安置在那里。齐桓公的七个儿子都逃奔楚国，楚国都用他们做了上大夫。消灭了夔，因为夔不祭祀祝融、鬻熊。

夏天，攻打宋国，宋国向晋国告急，晋国援救宋国，成王撤兵回来。将军子玉请求出战，楚成王说："重耳流亡在外待了很久，终于得以回国，天助他，不可抵挡。"子玉坚决请求，成王就给他很少的部队，自己回国了。晋国果然在城濮打败了子玉。成王很生气，处死了子玉。

四十六年（公元前 626 年），当初，楚成王准备用商臣做太子，告诉令尹子上。子上说："君王年纪还不大，而且内宫宠姬又多，立太子又废就会有内乱。楚国立太子往往立

年幼的。况且商臣眼睛像蜜蜂，声音像豺狼，是个残忍的人，不能立他。”成王不听，立商臣为太子。后来又想立儿子职，废弃太子商臣。商臣听说了但又不能确定，告诉他的老师潘崇，问：“怎样可以得知实际情况？”潘崇说：“设宴款待成王的宠姬江芈，但不要尊敬她。”商臣按照潘崇说的做了，江芈生气地说：“难怪君王想杀掉你立职为太子。”商臣告诉潘崇说：“证实了。”潘崇说：“您能侍奉他吗？”商臣说：

“不能。”“能逃离吗？”商臣说：“不能。”“能举行大事吗？”商臣说：“能。”【110】冬季十月，商臣用宫中卫兵围住了成王。成王请求吃了熊掌再去死，商臣不答应。丁未日，楚成王自己上吊死了。商臣继位，这就是穆王。

穆王登位，把他做太子时的资产给潘崇，让他做太师，掌管国家大事。穆王三年（公元前623年），消灭了江国。四年（公元前622年），消灭了六、蓼两国。六、蓼是皋陶的后人的封国。八年（公元前618年），攻打陈国。十二年（公元前614年），穆王去世，儿子庄王侣继位。

楚庄王即位三年，不发政令，日夜作乐，传令都城中说："有胆敢进谏的，杀无赦。"伍举入宫进谏。庄王左手抱着郑国的美女，右手抱着越国的美女，坐在钟鼓之间。伍举说："臣有话想说。"他隐晦地说："有一只鸟在高山上，三年不飞不鸣，这是什么鸟啊？"庄王说："三年不飞，一飞将冲天而起，三年不鸣，一鸣将震惊世人。"伍举退下去，说："我知道了。"过了几个月，庄王享乐更加没有节制了。大夫苏从进谏，庄王说："你没有听到命令吗？"苏从回答说："如果杀了我能让君王感悟，这是我的心愿。"因此楚庄王就停止享乐，处理政事，所杀的奸佞之臣有几百人，所提升的忠臣有几百人，把政事交给伍举、苏从，国人大为喜悦，这年消灭了庸国。六年（公元前608年），攻打宋国，俘获了五百辆兵车。

八年（公元前606年），攻打陆浑戎，因而到了洛阳附近，在周的郊外阅兵示威。周定王派王孙满慰劳楚庄王。楚庄王问周鼎的大小轻重。王孙满回答说："周享有天下，在于德而不在于鼎。"庄王说："您不要依仗九鼎！楚国折下戟的尖，就足以铸九鼎了。”王孙满说：“哎！君王大概忘了吧？当初虞夏强盛，远方的诸侯都来依附，九州的长官各自贡献了一只鼎，绘上各地物象，因此天下各类物件鼎上都有，使百姓明辨神奸。夏桀道德败坏，鼎迁到殷，殷商一共六百年。商纣王暴虐无道，鼎迁到周。一个朝代的德行美好、英明，鼎即使小也会重不可迁；一个朝代的德行奸邪昏乱，即使鼎大也一定会显得轻微。从前成王把鼎安放在郏鄏（jiá rǔ），占卜得知可以传三十代，享国七百年，这是上天的旨意。现在周的德行虽然衰微，上天的旨意还没有改。鼎的轻重，不可以问。”楚庄王因而回去了。

九年（公元前605年），用若敖氏为相。有人向庄王进他的谗言，若敖氏害怕被杀，反而攻打庄王，庄王攻灭了若敖氏的家族。十三年（公元前601年），灭了舒国。

十六年（公元前598年），攻打陈国，杀死夏徵舒。夏徵舒杀了他的国君，所以杀了他。攻破陈之后，就把陈作为楚国的县。群臣都恭贺，只有申叔时出使齐国回来，没有表示祝贺。庄王问他，回答道：“俗话说：‘牵牛从人家田中走，田的主人夺走了牛。’从田中走当然不对，夺走他的牛不也太过分了吗？况且君王因为陈国内乱而率诸侯攻打它，以道义之名讨伐它，却贪图它的国家，又用什么再去号令天下呢？”庄王因此恢复了陈国，立陈国的后代为君。

十七年（公元前597年）春天，楚庄王包围了郑国国都，三个月后，攻克郑。从皇门[①]进城，郑伯赤着上身、牵着羊迎接他，说：“我不顺从天意，不能侍奉君王，君王因此生

① 皇门：郑都新郑的外城门。

气攻打我们，这是我的罪过。哪里敢不听从您的命令呢？您把我放逐到南海，或者把我当奴隶赐给诸侯，我也唯命是从。如果君王不忘厉王、宣王、桓公、武公，不断绝他们的社稷祭祀，让我改为侍奉君王，这是我的愿望，可这并非我所敢奢望的。我斗胆说出心里话。”楚国的大臣们说：“君王不要答应他。”庄王说：“国君能谦卑，向人低头，一定能得到百姓的信任，百姓乐于为他所用，怎能灭绝呢？”庄王亲自用军旗指挥军队，领兵后退三十里驻扎下来，因而允许同郑国讲和。楚国大夫潘尪（wāng）进入郑国订立盟约，郑襄公的弟弟子良到郑国做人质。夏季六月，晋援救郑国，与楚作战，楚军在黄河边大败晋军，因而向北到了衡雍才回来。

二十年（公元前594年），楚国包围宋国，因为宋国杀了楚国的使者，包围宋都五个月，城中粮食吃光了，城中人只能交换孩子来吃，把人的骨头劈开当柴烧。宋国的华元出城，把实情告诉楚国，楚庄王说：“他是君子啊！”因此撤军离开了。

二十三年（公元前591年），楚庄王去世，儿子共王熊审继位。

楚共王十六年(公元前575年)，晋国攻打郑国。郑国告急，楚共王援救郑国。楚军与晋军在鄢陵作战，晋军打败了楚军，箭射中了楚共王的眼睛。楚共王召见将军子反。子反爱酒，跟随他的竖阳穀送上酒来，子反喝醉了。楚共王动怒，射死了子反，于是停止进军回来了。【111】

三十一年(公元前560年)，楚共王去世，儿子康王招继位。康王在位十五年去世，儿子员继位，这就是郏敖。

楚康王宠信弟弟公子围、公子比、公子晳、公子弃疾。郏敖三年（公元前 542 年），用他的叔父、康王的弟弟公子围做令尹，主管军事。四年（公元前 541 年），公子围出使郑国，途中听说楚王生病就回来了。十二月己酉日，公子围进宫探望楚王的病，绞杀了楚王，同时杀了楚王的儿子莫和平夏。公子围派使者去郑国报丧，伍举问道："说谁做继承人？"回答说："就说是大夫公子围。"伍举报告时变了说

法，说：“继位的是楚共王的长子公子围。”子比逃到晋国，公子围继位，这就是楚灵王。

楚灵王三年（公元前538年）六月，楚国派使者告知晋国，准备诸侯会盟。诸侯都在申同楚国会盟。伍举说：“从前，夏启在钧台设宴款待诸侯，商汤在景亳号令诸侯，周武王在盟津誓师，周成王在岐山南边狩猎，周康王在丰宫朝见诸侯，周穆王在涂山会合诸侯，齐桓公在召陵陈兵，晋文公在践土同诸侯会盟，君王采用哪一种呢？”楚灵王说：“采用桓公的方式。”这时郑国的子产在楚国。因此，晋国、宋国、鲁国、卫国不前往会盟。楚灵王会盟后，神色骄傲。伍举说：“夏桀在有仍举行会盟，有缗叛离它。商纣王举行黎山会盟，东夷叛变了。周幽王举行太室会盟，戎、翟叛乱，君王可要警惕。”【112】

七月，楚国率领诸侯的军队攻打吴国，包围了朱方。八月，攻克朱方，囚禁了庆封，灭了他的家族，把庆封示众，说：“不要像齐国的庆封一样，杀死他的国君，凌侮国君的孤子，以此来和大夫们盟誓！”庆封反过来说：“不要像楚共王的庶子公子围一样，杀他哥哥的儿子员，取而代之！”因而楚灵王让人赶快杀了他。

七年（公元前 534 年），章华台建成，灵王下令把逃亡的人安置在内服役。

八年（公元前 533 年），派公子弃疾率领军队消灭了陈国。十年（公元前 531 年），召来蔡侯，灌醉并杀死了他。派弃疾安定蔡国，因而封作陈蔡公。

十一年（公元前 530 年），攻打徐国以此恐吓吴国。楚灵王驻在乾谿等候战果。楚王说：“齐国、晋国、鲁国、卫国，他们被封时都接受了宝物器皿，唯独我没有。现在我派使者出使周，求取周鼎作为封赏，会给我吗？”析父回答说：“大概会给君王的吧！从前我们先王熊绎远在荆山，筚路蓝缕，居住在草莽中，跋涉于山林间，以桃木为弓、用荆棘作箭来供奉周天子的事情。齐君[①]是天子的舅父；晋国和鲁国、卫国，是天子的同母弟弟。楚国因此没有分

① 齐君：此处指齐丁公吕伋，他是周成王的舅父。

封宝器而他们都有。周王室现在同四个国家一起服侍君王您，一定会唯命是从，哪里敢舍不得鼎？”楚灵王说：“过去我伟大的祖先伯父昆吾曾经居住在许，现在郑国人贪图那里的土地，不给我，如今我求取，会给我吗？”回答说：“周不敢吝惜鼎，郑国哪里敢吝惜田呢？”楚灵王说：“从前诸侯疏远我，害怕晋国，现在我大修陈、蔡、不羹的城墙，这些地方都备有千辆兵车，诸侯该害怕我们了吧！”回答说：“害怕啊！”楚灵王高兴地说：“析父善于谈论古代的事情啊！”

十二年（公元前 529 年）春天，楚灵王在乾谿游乐，不愿离开。国人苦于服役。当初，楚灵王在申集合军队，侮辱了越国的大夫常寿过，杀死了蔡国的大夫观起。观起的儿子观从逃到吴国，因此劝吴王攻打楚国，挑拨越国大夫常寿过叛乱，替吴国作间谍。观从让人假传公子弃疾的命令从晋国召回了公子比，到了蔡国，联合吴、越的兵力想袭击蔡国。让公子比见弃疾，和他在邓订立盟约。因而进宫杀了楚灵王的太子禄，立子比为楚王，公子子皙做了令尹，弃疾做了司马。先清除王宫，观从在乾谿找到了楚军，命令楚国的士兵们说：“楚国已经有了新王了。先回去的，恢复爵位封邑、田地房屋，后回去的就剥夺一切。”楚国的军队都逃离了，离开楚灵王回去了。

楚灵王听到太子死了，不由自主地掉到车下，说：“人们爱儿子也像这样吗？”侍者说：“比这还厉害。”【113】灵王说：“我杀死很多别人家的儿子，能不遭此难吗？”右尹说：“请您在郊野等候，听从国人的意见。”灵王说：“不

敢冒犯众人的愤怒。”右尹又说：“暂且到大县去，然后求助诸侯的军队。”灵王说：“都背弃了。”又说：“暂且逃奔诸侯来听从大国的考虑。”灵王说：“大福不可能享受两次，只不过自取其辱罢了。”因此灵王坐船将要进入鄢。右尹估计灵王不采用他的计策，担心受牵累而被处死，也离开灵王逃走了。

楚灵王因此独自徘徊山中，郊野人都不敢让灵王进屋。灵王路遇他从前的内侍对他说：“替我找点食物，我已经三天没吃饭了。”内侍说：“新王下达法令，有胆敢给君王饭吃的、跟随君王的，治罪株连三族，况且又没有地方找吃的。”灵王因而枕着他的大腿躺下，内侍又用土块代替自己的腿让灵王枕着，逃开了。灵王醒来不见他，饿得起不来。芋邑尹申无宇的儿子申亥说：“我父亲两次违犯灵王的命令，灵王没杀他，有什么恩德比这更大的吗？”他于是寻找灵王。遇见灵王在釐泽挨饿，把他迎回家。夏季五月癸丑日，灵王死在申亥家，申亥用两个女儿给他殉葬，把他们埋葬在一起。

这时楚国虽然已经立公子比为王，但害怕灵王回来，又没有听说灵王的死讯，因此观从对初王比说：“不杀弃疾，即使得到国家，还会遭受祸患。”楚王说：“我不忍心。”观从说：“别人会忍心杀君王。”楚王不听从，因而观从离开了。弃疾回来，国人经常夜里惊醒说：“灵王回来了。”乙卯日夜晚，弃疾派船家从江边跑，边跑边大声叫喊：“灵王来了！”国人更是惊恐。又让曼成然告诉初王比和令尹子皙说：“灵王到了！国人将要杀君王。司马就要来了。君王早点自己拿主意，不要自取其辱啊！众怒如水火，不能救啊！”初王比和子皙就自杀了。丙辰日，弃疾即位做了楚王，改名为熊居，这就是楚平王。

楚平王用欺诈手段杀了两位楚王，自立为王，害怕国人和诸侯叛离他，就施恩给百姓。恢复了陈、蔡的土地，像从前一样，立他们的后人为国君，归还侵占的郑国土地。平王还慰问抚恤都城中人，修明政事教化。吴国因为楚国内乱的

缘故，俘获了五个将领回去了。楚平王对观从说：“可以满足你的欲望。”观从想做卜尹，平王答应了他。

当初，共王有五个宠爱的儿子，没有嫡子可以继承王位。因而遥望祭祀众神，请神裁决让谁来主持国家，暗地和巴姬在室内埋了一块玉璧，召唤五位公子斋戒以后进来。康王两只脚踩在玉璧边上，灵王的肘放在玉璧上，子比、子皙都远离玉璧。平王年幼，抱着他上来拜神，压在了玉璧的纽上。

【114】因而康王凭年长得以继位，到了他儿子就失去了王位；公子围是灵王，自身遭到杀害；子比做了十多天的楚王，子晳没有被立为王，又都被杀害了。四位儿子都绝了后。唯独弃疾后来继位，做了平王，最终延续了楚的祭祀，和神符相合。

当初，子比从晋国回来，韩宣子问叔向说："子比会成功吗？"回答说："不成功。"宣子说："有共同厌恶的人互相求助，像商人牟利一样，为什么不成功？"回答说："不能和人们共同追求好事，谁会和他一起去做坏事呢？夺取国家政权有五种困难：受恩宠没有辅佐的贤人，是一；有贤人帮助而没有内应，是二；有内应而没有谋略，是三；有谋略而没有百姓的支持，是四；有百姓支持而没有道德，是五。子比在晋国十三年了，追随他的晋国、楚国人中没有能者，可算得上没有贤人了；家族灭绝、亲戚叛逆，可算得上没有内应了；没有机会却轻举妄动，可算得上没有谋略了；终身羁留在晋国，可算得上没有百姓支持了；流亡在外，楚国没有思念他的人，可算得上没有德行了。君王暴虐却不知忌惮，子比冒着五种困难而杀害国君，怎么会成功！拥有楚国的人，莫非是弃疾吧？他立陈国、蔡国的国君，方城山外归附他。他的辖地内，奸邪的人不起来造反，盗贼隐藏不见，他不因为私欲违背民心，百姓没有怨恨，祖先神明降天命在他身上，国民信任他。芈姓有内乱，一定立小儿子，这是楚国的规律。子比的官位不过是右尹；看他的尊贵宠信，又是庶出的儿子；根据神明的命令，又疏远他；百姓没有怀念他的，将凭什么继位？"宣子说："齐桓公、晋文公不也是流亡在外的庶子吗？"叔向回答说："齐桓公是卫姬的儿子，受到齐釐公的宠幸。有鲍叔牙、宾须无①、隰朋作为辅弼，有莒、卫两国作为外在的支持者，有高氏、国氏做内应，听从善言像流水一样顺畅自然，施予恩惠不知疲倦。拥有国家，不也很自然吗？从前我们晋文公，是狐季姬的儿子，受到献公的宠爱，好学不倦，十七岁就有五位贤人辅佐，有从前的大夫子馀、子犯做心腹，有魏犨、贾佗做股肱之臣，有齐国、宋国、秦国、楚国作为外在的支持者，有栾氏、郤氏、狐氏、先氏做内应。流亡十九年，坚守志向更加诚笃。惠公、怀公抛弃百姓，百姓从而归心于他，因此文公享有国家，不也很自然吗？子比没有施恩于民，在外没有援助，离开晋国，晋国不护送；回到楚国，楚国不迎接，凭什么统治国家？”子比果然没有好下场。最终继位的人是弃疾，像叔向预言的那样。

楚平王二年（公元前527年），派大夫费无忌到秦国替太子建娶妻。秦国的女子貌美，来楚国，还没有到达，费无忌先回来，劝说楚平王道："秦国的女子貌美，可以自己娶了，替太子改娶。"楚平王听信了他，终于自己娶了秦国的女子，生了熊珍②。改为太子建娶别的女子。这时伍奢做太子太傅，费无忌是太子少傅。费无忌没有得到太子的宠信，经常向平王进太子的谗言。太子建这时年已十五岁，他的母亲是蔡国的女子，没有得到平王的宠幸，平王渐渐地更加疏远了太子建。

六年（公元前523年），平王让太子建居住在城父，守边城。费无忌又日夜向平王进太子建的谗言，说："自从无忌接来秦国的女子后，太子怨恨，也不免怨恨君王，君王稍

① 宾须无：齐国的贤臣，助管仲革新政治，很有建树。

② 熊珍：《伍子胥列传》作"熊轸"。

稍自我防备啊。况且太子居住在城父，独掌兵权，结交处边的诸侯，就将要进入楚都了。”楚平王召来他的太傅伍奢责问他。伍奢知道无忌进谗言，就说：“大王怎么能因为小人疏远骨肉？”无忌说：“现在不制伏，以后要后悔的。”因此平王就囚禁了伍奢。于是命令司马奋扬召回太子建，想杀掉他。太子建知道后，逃奔宋国。【115】

无忌说：“伍奢有两个儿子，不杀掉将成为楚国的祸患。

何不用赦免他们的父亲为由召来他们？他们一定会来的。”因此平王派人对伍奢说：“能够召来两个儿子就有生路，不能就处死。”伍奢说：“伍尚会来的，伍子胥不会来。”平王问：“为什么？”伍奢说：“伍尚为人廉洁，愿意为气节而死，仁慈孝道，听说召他回来可以赦免父亲，一定会来，不顾生死。伍子胥为人聪明而且有谋略，勇敢而且居功自傲，知道来了一定会死的，必定不会来，因此将来成为楚国忧患的一定是这个儿子。”于是平王派人召他们回来，说：“回来就赦免你们的父亲。”伍尚对伍子胥说：“知道父亲可以赦免却没有人赶去，是不孝；父亲被杀没有报仇，是没有谋略；估量能力来办事，是智慧。你还是走吧，我该回去赴死。”伍尚因而回去。伍子胥弯弓搭箭，出来见使者，说：“父亲有罪的话，为什么召回他的儿子呢？”他准备射箭，使者转身逃跑，伍子胥逃到吴国。伍奢知道了，说：“伍子胥逃走了，楚国危险啊！”楚国人因此杀了伍奢和伍尚。

十年（公元前519年），楚国太子建的母亲在居巢，暗通吴国。吴国派公子光攻打楚国，趁势打败了陈国、蔡国，夺走太子建的母亲而去。楚国恐惧，加固郢都的城防。当初，吴国的边邑卑梁和楚国的边邑钟离的小孩子争采桑叶，两家发怒互相攻打，灭掉了卑梁氏一家。卑梁大夫动怒，派邑中军队攻打钟离。楚王听说后发怒，调派国都中的军队消灭了卑梁。吴王听说后大怒，也派兵，消灭了钟离、居巢。

十三年（公元前516年），楚平王去世。将军子常说：“太子珍年少，况且他母亲是从前太子建所应娶的。”想立令尹子西。子西，是平王庶出的弟弟，有信义。子西说：“国家

有常规法度，改立太子就会内乱，谁说这话就会招致死罪。”于是拥立太子珍，这就是楚昭王。

昭王元年（公元前515年），楚国的百姓不喜欢费无忌，因为他进谗言使太子建流亡，杀死了伍奢父子和郤宛。郤宛的同姓伯氏的儿子伯嚭和伍子胥都逃到吴国，吴国的军队多次侵犯楚国，楚国人十分怨恨费无忌。楚国的令尹子常诛杀了费无忌以取悦百姓，百姓才高兴了。

四年（公元前 512 年），吴国的三位公子逃到楚国，楚国封赏他们以抵抗吴国。五年（公元前 511 年），吴国攻占了楚国的六、潜。七年（公元前 509 年），楚国派子常攻打吴国，吴国在豫章大败楚国。

十年（公元前 506 年）冬天，吴王阖闾、伍子胥、伯嚭和唐国、蔡国一起讨伐楚国，楚国大败，吴军因而进占了郢都，侮辱了楚平王的坟墓，因为伍子胥的缘故。吴军来了，楚国派子常带兵迎击，隔着汉水对阵。吴军打败了子常，子常逃到了郑国，楚军逃走，吴军乘胜追赶，打了五仗到了郢。己卯日，楚昭王出逃。庚辰日，吴国人进占了郢都。

楚昭王逃到云梦，云梦人不知他是楚王，射伤了他。【116】昭王逃到郧，郧公的弟弟怀说："平王杀死了我的父亲，现在我杀他儿子，不也可以吗？"郧公制止他，可是担心他杀害昭王，就和昭王一起出逃到随国。吴王听说昭王到了随国，就进军攻打随国，对随国人说："周王室的子孙受封在长江、汉江一带的，楚国灭绝了他们。"要求随国人杀死昭王。楚昭王的随从大臣子綦（qí）就把昭王妥善地隐藏起来，自己假称昭王，对随国人说："把我送给吴国。"【117】随国人占卜送给吴国后的吉凶，结果是不吉利，因而向吴王道歉说："昭王逃走了，不在随国。"吴国请求进去自己搜索他，随国不许，吴国就撤兵离开了。

楚昭王逃出郢都时，派大夫申包胥向秦国求救，秦国派五百辆兵车援救楚国，楚国也收拢散兵，和秦国一起攻打吴国。十一年（公元前 505 年）六月，在稷打败吴国。适逢吴王的弟弟夫概看到吴王的军队受挫失败，就逃回去，自立为

吴王。吴王阖闾知道后，带兵离开楚国，回去攻打夫概，夫概失败，逃到楚国，楚国把堂谿封给他，称作堂谿氏。

楚昭王消灭了唐国。九月，回到郢。十二年（公元前504年），吴国又攻打楚国，攻占了番。楚国恐惧，离开了郢，向北迁都到鄀。

十六年（公元前500年），孔子做了鲁国的相。二十年（公元前496年），楚国消灭了顿、胡。二十一年（公元前495年），吴王阖闾攻打越国，越王勾践射伤了吴王，吴王因此死去。吴国从此痛恨越国，不再向西攻打楚国。

二十七年（公元前 489 年）春天，吴国攻打陈国，楚昭王救援，驻军在城父。十月，楚昭王在军中生病，有红云像鸟一样，围绕太阳飞。昭王询问周的太史，太史说：“这对楚王有害，但可以移祸给将相。”将相听到这话，都请求用自己的身体向神祈祷替昭王消灾。昭王说：“将相是我的大腿和胳膊，现在移祸给他们，难道能从身上除去这病吗？”不听。占卜说是黄河之神作祟，大夫们请求祷告黄河之神。楚昭王说：“自从我的先王受封，望祭山川不超过长江、汉水，黄河之神不是获罪的原因。”昭王制止他们，不允许祈祷黄河之神。孔子在陈国，听了这话，说：“楚昭王通晓大道了，他没有失去国家，很有道理。”

楚昭王病重，因而召来公子、大夫们说：“我没有才能，两次使楚国的军队受辱，今天竟能享尽天年而终。这是我的幸运。”让他的弟弟公子申做楚王，不答应。又让位给次弟公子结，也不同意。于是又让位给次弟公子闾，五次让位，才答应做楚王。将要交战，庚寅日，昭王在军中去世，子闾说：“君王病重，舍弃他的儿子让位给大臣们，我之所以答应君王，是为了宽慰君王的心愿。现在君王去世，我怎敢忘记君王的心愿呢？”就与子西、子綦策划，暗中调集军队，封闭道路，接回越国女子生的儿子章，立为楚王，这就是惠王。然后撤军回来，安葬了昭王。

惠王二年（公元前 487 年），子西从吴国召回太子建的儿子胜，用他做巢大夫，称为白公。白公喜欢用兵，在士人面前谦逊，想向郑国报仇。六年（公元前 483 年），白公向令尹子西请求发兵攻打郑国。当初，白公的父亲建流亡在郑国。郑国杀了他，白公逃奔吴国，子西又召回了他，因此怨恨郑国，想攻打它。子西答应了但没有替他发兵。八年（公元前 481 年），晋国攻打郑国，郑国向楚国告急，楚国派子西援救郑国，接受了郑国的财物离开了。白公胜恼怒，于是就与勇猛的亡命之徒石乞等在朝廷袭击杀害了令尹子西、子綦，乘机劫持了惠王，安置在高府[①]，准备杀害他。惠王的侍从屈固背着他逃到昭王夫人的宫中。白公自立为楚王。一个多月以后，适逢叶公来援救楚国，楚惠王的亲信和他一起进攻白公，杀死了他。惠王才恢复王位。这年，灭了陈国改为县据为己有。

十三年（公元前 476 年），吴王夫差强大，凌虐齐国、晋国，来进攻楚国。十六年（公元前 473 年），越国灭了吴国。四十二年（公元前 447 年），楚国灭了蔡国。四十四年（公元前 445 年），楚国灭了杞国。与秦国和谈。这时越国已经灭了吴国，却不能统治江、淮北边，楚国向东侵占，扩充地域到了泗水边。五十七年（公元前 432 年），楚惠王去世，儿子简王中即位。

简王元年（公元前 431 年），北伐消灭了莒国。八年（公元前 424 年），魏文侯、韩武子、赵桓子开始列为诸侯。二十四年（公元前 408 年），简王去世，儿子声王当即位。

声王六年（公元前 402 年），强盗杀死了声王，儿子悼王熊疑即位。

---

① 高府：楚王别宫。

悼王二年（公元前 400 年），三晋来攻打楚国，到了乘丘回去了。四年（前 398 年），楚国攻打周王室，郑国杀死了相国子阳。九年（公元前 393 年），攻打韩国，夺取了负黍。十一年（公元前 391 年），三晋攻打楚国，在大梁、榆关打败了楚国。楚国送给秦国大量财物，与它议和。二十一年（公元前 381 年），悼王去世，儿子肃王臧即位。

肃王四年（公元前 377 年），蜀国攻打楚国，夺取了兹方。因此楚国筑了扞（hàn）关来抵御它。十年（公元前 371 年），魏国夺取了楚国的鲁阳。十一年（公元前 370 年），肃王去世，没有儿子，立他的弟弟熊良夫为王，这就是宣王。

宣王六年（公元前 364 年），周天子祝贺秦献公。秦国又开始强大，而三晋更强大了，魏惠王、齐威王尤其强大。三十年（公元前 340 年），秦国把卫鞅封在商，向南侵犯楚国。这年，宣王去世，儿子威王熊商登位。

威王六年（公元前 334 年），周显王祭过文王、武王的胙肉送给秦惠王。

七年（公元前 333 年），齐国孟尝君的父亲田婴欺骗楚国，楚威王攻打齐国，在徐州打败了它，并命令齐国一定要赶走田婴，田婴害怕，张丑对楚王谎称："君王之所以在徐州打了胜仗，是将军田盼子没有被任用。田盼子有功于齐国，而且百姓为他所用。田婴子不善良却任用申纪。申纪这人，大臣不亲附，百姓不为他所用，所以君王战胜它了。现在君王要齐国驱逐田婴子，婴子被驱逐，田盼子一定被起用。再整顿军队与君王会战，一定会对君王不利。"楚威王因而没有驱逐田婴了。

十一年（公元前329年），威王去世，儿子怀王熊槐登位，魏国听说楚国有丧事，攻打楚国，夺取了楚国的陉山。

楚怀王元年（公元前328年），张仪开始做秦惠王的相。四年（公元前325年），秦惠王开始称王。

六年（公元前323年），楚国派柱国[①]昭阳率兵攻打魏国，在襄陵打败了魏军，夺得了八个城邑。又移兵攻打齐国，齐王担心。陈轸正好替秦国出使齐国，齐王说："怎么办呢？"陈轸说："君王不要忧虑，请让我使他们罢兵。"因此就往楚军中拜见昭阳，说："我想知道楚国的制度，打败人家的军队杀死敌方将领，应该如何奖赏？"昭阳说："封他的官是上柱国，封上等爵位，上朝手持玉珪。"陈轸说："那有比这还尊贵的吗？"昭阳说："有令尹。"陈轸说："现在您已经做了令尹了，这是一国中的最高官位，请让我打个比方。有人送给他的门客们一卮酒，门客们互相说：'几个人喝这卮酒，还轮不到每人一口，我们在地上画一条蛇，先画好蛇的那个人喝了它。'一个人说：'我的蛇先画成。'举着酒起身，说：'我还能替蛇画上脚。'等他替蛇画脚时，后画成的人夺过他的酒喝了，说：'蛇本来没有脚，现在替它画脚，就不是蛇了。'现在您做了楚国的令尹，攻打魏，打败了魏，杀死敌将，功劳没有比这更大的了，官高至极不能再高升了。现在又攻打齐国，胜了，官爵不会因此增加；不能取胜，则自己灭亡，官爵被夺去，对楚国也有危害：这就是画蛇添足的做法。不如领兵离开，施恩给齐国，这是保持圆满的方法。"昭阳说："好。"领兵离开了。【118】

① 柱国：官名，为最高军事统领，地位仅次于令尹。昭阳此时兼任柱国和令尹。

燕国、韩国的国君开始称王。秦国派张仪与楚国、齐国、魏国相会，在啮桑订立盟约。

十一年（公元前 318 年），苏秦联络山东六个国家合纵共同攻打秦国，楚怀王是合纵长。到了函谷关，秦国出兵攻打六国，六国的军队都撤回去了，齐国独自落在后面。十二年（公元前 317 年），齐湣王打败了赵、魏两国军队，秦国也打败了韩国，和齐国争夺霸主地位。

十六年（公元前313年），秦国想讨伐齐国，楚国与齐国合纵，关系亲近。秦惠王忧虑，就宣布免除了张仪相位，派张仪南赴楚国，见到了楚王，对楚王说：“我国君王最喜欢的人没有胜过大王您的，即便我特别愿意给他做看门的仆人，也没有人胜过您。我国君王最痛恨的人没有胜过齐王的，即便我最痛恨的人中也没有人胜过齐王的。而大王与齐国和好，因此我国君王不能侍奉大王，张仪也不能做看门的仆人。大王如果为我关闭边关断绝同齐国的关系，现在就可以派使者跟随我向西去，拿回以前秦国从楚国割取的商於方圆六百里的土地，这样齐国就弱小了。在北边削弱了齐国，在西方结好秦国，占有商於，因而富足，这一计谋将使三种好处都到手。”楚怀王非常高兴，就把丞相印送给张仪，每天给他摆酒，声称：“我又得到了我们商於的土地。”大臣们都来祝贺，陈轸却一个人哀悼。楚怀王问：“你这是为什么？”陈轸回答说：“秦国之所以看重君王，因为君王有齐国做盟国。现在土地没能得到却先和齐国绝交，这样楚国就孤立了，秦国又哪里看重一个孤立的国家呢？一定会轻视楚国。况且秦先拿出土地，而后楚与齐绝交，那么秦国的计策不能得逞。先和齐国断交后去索要土地，一定会被张仪欺骗，君王就一定会怨恨他。怨恨他，一定会在西方招致了秦国的祸患，在北方断绝了齐国的交情。在西方招致秦国的祸患，在北方断绝了齐国的交情，两国的军队就一定会同时到来，我因此哀悼。”楚王不听，因而派一个将军向西接受土地。【119】

张仪到了秦国，假装酒醉从车子上掉下来，装病三个月不出来，楚国不能得到土地。楚王说：“张仪认为我们和齐

国绝交还不够吗？”就派勇士宋遗北上侮辱齐王。齐王大发雷霆，折断了楚国的信符与秦国交好，秦、齐联合，张仪才出来上朝，对楚国的将军说：“您为什么不接受土地，从这到这，纵横六里。”楚国的将军说：“我所受命接受的是六百里，没有听说六里。”就回来把这件事报告给怀王。怀王大动肝火。将要起兵讨伐秦国。陈轸又说：“讨伐秦国不是好计策，不如因此送它一座名城，和秦国一起攻打齐国。

【120】

这样楚国在秦国失去的，从齐国得到了补偿，楚国还可以保全。现在君王断绝了和齐国的交情，指责秦国的欺骗行径，这样楚国使秦国、齐国联合招来天下的军队，国家一定会大伤元气。”楚王不听，因而和秦断绝了关系。派兵向西攻打秦国，秦国也派兵攻打楚国。【120】

十七年（公元前 312 年），和秦国在丹阳作战，秦军大败楚军，杀死了带甲的兵士八万，俘虏了楚国的大将军屈匄、裨将军逢侯丑等七十多人，接着夺取了汉中郡。楚怀王大怒，因而征集了全部的士兵又袭击秦国，在蓝田开战，秦军大败楚军。韩、魏得知楚国受困，就向南袭击楚国，到了邓，楚国得知，就领兵回来。

十八年（公元前 311 年），秦国派使者又来联合楚国，分割汉中的一半土地来和楚国讲和。楚王说："我只想得到张仪，不愿得到土地。"张仪知道，请求去楚国。秦王说："楚国要拿你解恨，怎么办？"张仪说："我和楚王的近臣靳尚关系好，靳尚又能够服侍楚王的宠姬郑袖，郑袖所说的，楚王没有不听从的。况且张仪以前出使楚国，因为商於的诺言有负于它，现在秦国、楚国大战，结有仇怨，我不亲自向楚王谢罪就不会化解。况且大王在，楚国不会有胆量处置我。要真杀了张仪有利于秦国，那正是我的愿望。"张仪因而出使楚国。

到了楚国，楚怀王不见张仪，把他囚禁起来，想杀掉他。张仪和靳尚有私交，靳尚替他请求楚怀王："拘禁张仪，秦王必定发怒，天下人看到楚国失去了秦国的援助，一定会轻视君王。"又对夫人郑袖说："秦王喜爱张仪，而大王想杀他，现在秦国将要把上庸的六个县送给楚国，把美女嫁给楚王，用秦王宫中擅长唱歌的人作为陪嫁，楚王看重土地，秦国的女子一定会显贵，而夫人一定会被排斥了。夫人不如劝说楚王放了张仪。"【121】郑袖终于对楚怀王说情，放出了张仪。张仪出来，楚怀王善待张仪，张仪也乘机劝说楚王背弃合纵，与秦国联合亲近，结为儿女亲家。张仪离开后，屈原出使齐国回来，劝怀王说："为什么不杀张仪？"楚怀王后悔了，

派人追赶张仪，没有追上。这年，秦惠王去世。

二十年（公元前 309 年），齐湣王（应为齐宣王）想做合纵长，害怕楚国与秦国联合，就派使者给楚王送信说：“我担心楚王不在乎尊贵的名声。现在秦惠王死了，秦武王继位，张仪逃到魏国，樗里疾、公孙衍被任用，楚国侍奉秦国。樗里疾和韩国友好，公孙衍和魏国友好；楚国如果侍奉秦国，韩、魏恐惧，一定会通过这两人请求同秦国联合，那么燕、赵也会侍奉秦国。四个国家争着侍奉秦国，楚国就变成秦的郡县了。君王何不和我一起共同收服韩、魏、燕、赵，和他们合纵来尊奉周王室，从而平息战争，让百姓休养生息，向天下发号施令呢？没有人敢不愿意听从，这样就功成名就了。大王率诸侯一起讨伐，打败秦国。大王夺取武关、蜀、汉的土地，占有吴、越的财富，独占江海的好处，韩、魏割让上党，西近函谷关，这样楚国就会强大百万倍。况且君王曾被张仪欺骗，失去了汉中的土地，军队在蓝田打了败仗，天下人没有不替大王怀着愤怒的。现在大王竟想率先侍奉秦国！希望大王仔细考虑。”

楚怀王已经准备同秦国讲和，看到齐王的书信，犹豫不决，交给他的大臣们讨论。大臣们有的主张与秦国讲和，有的说听从齐国的主张。昭雎说：“君王即使在东方从越国夺得了土地，也不能够洗刷耻辱；一定要从秦国夺取土地，然后才能够在诸侯中雪耻。君王不如诚恳地结好齐国、韩国以提高樗里疾的威望，这样君王能够得到韩国、魏国的支持来求得土地。秦国攻破韩国的宜阳，而韩国还是侍奉秦国，因为韩国先王的坟墓在平阳，秦国的武遂离此只有七十里，因此特别害怕秦国。若不然，秦国攻打三川，赵国攻打上党，楚国攻打它的黄河以外的地区，韩国一定会灭亡。楚国援救韩国，不能够使韩国不灭亡。然而使韩国继续存在的是楚国。韩国从秦国得到武遂以后，凭借黄河、山峦作为要塞，所要报答的恩德没有比楚国更深厚的，臣以为韩国侍奉君王一定会很迫切。齐国之所以被韩国信任，因为韩国的公子昧做了齐国的丞相。韩国已经从秦国得到武遂，君王待它很友好，让它凭齐国、韩国提高樗里疾的威望，樗里疾倚着齐国、韩国，秦王不敢抛弃樗里疾。现在又加上楚国的力量，樗里疾一定会劝秦国，归还侵占的楚国土地。”因此楚怀王答应了他，终究没有联合秦国，而联合齐国以结好韩国。

二十四年（公元前 305 年），楚国背弃齐国联合秦国。秦昭王刚登位，因而给楚国送来丰厚的财物，楚国前往迎娶秦国的姑娘。二十五年（公元前 304 年），楚怀王进入秦国和秦昭王会盟，在黄棘订立盟约。秦国把上庸还给楚国。二十六年（公元前 303 年），齐国、韩国、魏国因为楚国背离合纵的关系联合秦国，三国共同攻打楚国，楚国派太子到秦国做人质，请求援救，秦于是派客卿通率兵援救楚国，三国撤兵离开。

二十七年（公元前 302 年），秦国有位大夫私下和楚国太子打斗，楚太子杀死他逃了回来。二十八年（前 301 年），秦国和齐国、韩国、魏国共同攻打楚国，杀死了楚国将军唐眜，夺取了楚国的重丘后撤退了。二十九年（公元前 300 年），秦国又攻打楚国，大破楚军，楚国的军队死了两万人，杀了楚国的将军景缺。楚怀王惊慌，就派太子在齐国做人质来求和。三十年（公元前 299 年），秦国又攻打楚国，夺取了八座城池。秦昭王送给楚怀王一封信说：“当初我与君王相约为兄弟，在黄棘结盟。楚太子做人质，关系很好。楚太子欺凌杀死了我的宠臣，不道歉就逃走了。我实在忍不住愤怒，派兵侵犯君王的边境。现在听说君王因此让太子在齐国做人质来求和。我与楚的边境地界相连接，因此做亲家，互相亲善很久了。现在秦国、楚国不和，就没有什么可以号令诸侯

【122】

的。我愿意与君王在武关相会，当面互相订立条约，结盟后离开，这是我的心愿。斗胆让您手下管事的人知道这件事。”楚怀王看到秦王书信，为此犯愁。想去，担心被欺骗；不去，又怕秦国动怒。昭睢说：“大王不要去。派兵自己固守就行，秦是虎狼，不值得信任，有吞并诸侯的野心。”怀王的儿子子兰劝怀王前往，说：“为什么断了秦国的欢心？”因此楚怀王前往会见秦昭王，秦昭王暗中命令一位将军在武关埋伏兵马，假称为秦王。楚王到了，秦军封闭了武关，因此和他一起西行到了咸阳，让他在章台朝见秦王，像对待附属国的君主一样，不给他平等的礼节。【122】楚怀王大怒，后悔没采用昭雎的话。秦国因而强留住楚怀王，要挟割巫、黔中的郡县。楚怀王想订盟约，秦国想先得到地。楚王生气说："秦国欺骗我又用割土地来胁迫我。"不再答应秦国的要求，秦国因而扣留了怀王。

楚国的大臣担心，就互相策划说："我们君王在秦国不能回来，秦国以割地要挟，太子在齐国做人质，齐国、秦国联合起来，楚国就会亡国了。"因而想拥立怀王在国内的儿子继位。昭雎说："君王和太子都在其他诸侯国受困，现在又违背君王的命令立他的庶子为王，不合适。"于是就假装去齐国报丧，齐湣王对他的相说："不如扣留太子求取楚国的淮北。"相国说："不行。郢都如果另立楚王，我们就空有一个人质，让天下人知道我们在行不义之事。"有人说："不是这样的。郢都另立君王，就和新君王交涉说：'给我楚东方的土地，我替你杀死太子，如不然，将和三个国家共同拥立他。'这样东方的土地一定可以得到了。"齐王终于采用相国的计策，放还楚太子。太子横回到了楚国，被立为楚王，这就是顷襄王。于是楚国告诉秦国说："仰仗社稷神灵，楚国有了新的君王。"

顷襄王横元年（公元前 298 年），秦国挟持怀王不能得到土地，楚国另立新王来对付秦国。秦昭王动怒，派兵出武关攻打楚国，大败楚军，斩杀了五万人，夺取了析地一带十五座城离开了。

二年（公元前 297 年），楚怀王逃亡回国，秦国发现了，

截断了去楚国的道路，怀王害怕，就从小路逃到赵国寻求回国。赵主父[1]在代，他的儿子赵惠王刚即位，履行君王的事情，害怕秦国，不敢让楚怀王进赵国。楚怀王想去魏国，秦国追兵到了，就又和秦国的使者回到了秦国。楚怀王因此生病。顷襄王三年（公元前296年），怀王死在秦国，秦国把怀王

① 赵主父：即赵武灵王雍，因把王位禅让给了儿子赵惠文王，被尊称为“主父”，意为太上皇。

的遗体送回楚国，楚国人都可怜他，像悲悼亲人亲戚一样。【123】诸侯从此认为秦国不讲信义。秦国、楚国的关系断绝了。

六年（公元前 293 年），秦国派白起攻打韩国到达伊阙，大胜，斩杀了二十四万人。秦国因此送给楚王一封信说："楚国背弃秦国，秦国将率领诸侯攻打楚国，决一死战，希望君王整顿士兵，进行一次痛快的战争。"楚顷襄王为此担心，就谋划再和秦国和好。七年（公元前 292 年），楚国从秦国娶亲，秦国、楚国又和好了。

十一年（公元前 288 年），齐王、秦王各自称帝；一个多月后，又去掉帝号称王。

十四年（公元前 285 年），楚顷襄王和秦昭王在宛友好会盟，结为亲家。十五年（公元前 284 年），楚王和秦国、三晋、燕国共同攻打齐国，夺取了淮北。十六年（公元前 283 年），与秦昭王在鄢友好会见。这年秋天，又与秦王在穰会见。

十八年（公元前 281 年），楚国有人喜欢用弱弓、小箭绳射杀归雁，顷襄王知道了，召来询问他，他回答说："我喜欢射小雁、小鸟，小箭射物，哪里值得向大王说啊。况且凭借楚国的强大，依仗大王的贤德，所获得的不止这些。从前三王猎取道德，五霸猎取争斗的诸侯。因此，秦国、魏国、燕国、赵国是小雁；齐国、鲁国、韩国、卫国是小野鸭；驺、费、郯、邳是小鸟。其余的就不值一射。看到六对鸟，君王用什么猎取呢？君王为什么不用圣人做弓，用勇士做缴，看准时机开弓射猎呢？这六对鸟，可以得到装在袋中。这种快乐不只是一朝一夕的快乐。这种收获也不只是野鸭、雁之类。君王早晨开弓猎取魏国大梁的南部，再射取魏国的西部，连带上韩国，那么韩国通往中原的路就会隔绝，上蔡不攻自破。围绕圉的东方攻取，切断魏的东部，向外攻击齐国的定陶，那么魏国的东方丢弃了，大宋、方与二郡可以攻下了。况且魏国断了东、西两部，就断了两条臂膀，定会衰落了；攻击郯的腹地，大梁可以据为己有。君王在兰台收弓，在魏国的西河饮马，安定魏国大梁，这是第一次射猎的快乐。如果君王对于射猎的确喜欢不知厌倦，就拿出宝弓，把石头绑在箭绳上，在东海射取长有钩喙的大鸟，环绕长城[①]，作为城防，早晨射取东莒，傍晚攻取浿丘，夜晚猎取即墨，返回来占据纵横交错的道路，那么长城的东面收归已有，泰山的北边也攻下了。西边和赵国国境相连接，北边到了燕国，齐、赵、燕三个国家如同张开翅膀，那么合纵的条约不需约定便可形成。北边在燕国的辽东极目远眺，南边登上越国的会稽山瞭望，这是第二次射猎的快乐。至于泗上的十二个小诸侯，左边包围，右边攻击，一天就能全部攻取。现在秦国攻破韩国却弄成了长久的忧患，得到许多城市却不敢据守；攻打魏国却没有成功，攻击赵国反而受挫，这样秦国、魏国的勇气、力量用尽了，楚国的旧地汉中、析、郦，可以重新拥有。君王拿出宝弓，把石头拴在箭绳上，越过鄳（méng）塞等待秦国国力疲惫。山东、河内可以连成一片，君王慰劳百姓，使人民休养生息，就可以南面称王了。所以说秦国是大鸟，处在东方各国的背后，面向东方站立，左臂占据在赵国的西南，右臂连着楚国的鄢、郢，正面攻击韩、魏的腹地，伸首想夺取中原，所处的位置，地形便利，形势占有地利，振翅高飞，方圆三千里，所以秦

① 长城：此处指齐国所筑的从泰山西北到琅邪台的长城。

国是不能单独擒获，一夜之间猎取的。”那人想以此激怒顷襄王，因而用这些话来回答。顷襄王因此召他谈话，所以他说：“先王被秦国欺骗，客死在外，仇怨没有比这更大的了。现在百姓有仇怨，还要向拥有万辆战车的大国报仇的。白公、伍子胥就是这样。而今楚国土地方圆五千里，带甲的兵士有百万人，还能够在中原踊跃出击，却坐以待毙，我私下认为大王不应该。”因此顷襄王向诸侯派遣使者，又一次合纵，准备攻打秦国。秦国得知，派兵来攻打楚国。【124】

楚国想和齐国、韩国结好联合攻打秦国，乘机想图谋周王室。周赧王派周武公对楚相国昭雎说：“三个国家想凭借军队割占周郊野的土地以便于运输，把宝器南运以尊奉楚国，我认为不能这样。杀害诸侯共同的君主，把历代做天子的视为臣下，大国不会亲近；以人多胁迫人少，小国不归附。大国不亲近，小国不归附，不能得到名声和实利。名声和实利得不到，不能够整顿百姓。有图谋周王室的名声，不能以此号令诸侯。”昭雎说：“没有图谋周王室这回事。即使这样，周王室为什么不可以图谋呢？”回答说：“没有五倍于敌人的军队就不攻击，没有十倍于敌人的军队就不围城。一个周王室相当于二十个晋国①，这是你所知道的。韩国的二十万军队曾经在晋国城下受辱，精锐的士兵死去，中等的士兵受伤，而晋国没有攻下。你没有韩国百倍的军队却图谋周，这是天下人都知道的。结怨东周、西周，会伤害驺、鲁两国人的心，同齐国绝交，在天下丧失声望，这是件危险的事情。

① 晋国：这里的晋国指的是战国时的魏国，三家分晋时，魏分得晋国都城，因此魏人自称晋国。

危害两周增强韩国的三川郡，楚国方城山以外的土地必定受韩国凌弱，凭什么知道这样呢？西周的土地，截长补短，不超过一百里。名义上是天下诸侯共同的君主，分割它的土地不能够使国家强大，得到它的兵马不能够使军队强劲。即使没有攻打它，名义上是杀害天子。然而好事的国君，喜欢攻战的臣子，发号用兵，没有不把周作为图谋夺取的最终目标的，这是为什么？看到祭器在这里，想得到祭器却忘了杀害天子的罪名。现在韩国要把祭器放在楚国，我担心天下因为祭器与楚国结仇。请让我打个比方。老虎的肉味臊，它的爪牙利于防身，人们尚且猎杀它。假使沼泽中的麋鹿蒙着老虎的皮，猎杀它的人一定比猎虎的人多。分割楚国的土地，可以让国家强大，贬低楚国的名声，足以尊显国君。现在您想残杀天下诸侯共同的君主，占有三代相传的祭器，吞占九鼎，以抬高在诸侯中的地位，不是贪婪又是什么？《周书》说：‘想要兴起，不可争先。’因此祭器南迁到楚国，诸侯的军队就会到了。”因此楚国的计策停止不施行了。

十九年（公元前 280 年），秦国攻打楚国，楚国军队失败，割让上庸、汉水以北地区的土地给秦国。二十年（公元前 279 年），秦国的将军白起攻占楚国西陵。二十一年（公元前 278 年），秦国的将军白起攻占楚国的郢都，烧了先王在夷陵的墓。楚顷襄王军队散失，因而不再作战，向东北防守陈城。二十二年（公元前 277 年），秦国又攻占了楚国的巫、黔中郡。【125】

二十三年（公元前 276 年），顷襄王集结东方的兵士，得到十万多人，又在西边夺回了秦国所攻占的江边十五座城作为郡，抵御秦国。二十七年（公元前 272 年），派三万人帮助三晋攻打燕国。再次与秦国议和，送太子到秦国做人质。楚国派左徒黄歇在秦国侍奉太子。三十六年（公元前 263 年），顷襄王病重，太子逃回来。秋天，顷襄王去世，太子熊元继位，这就是考烈王。考烈王用左徒做令尹，把吴封给他，称为春申君。

考烈王元年（公元前 262 年），把州邑送给秦国议和，

这时楚国更弱了。六年（公元前 257 年），秦国包围邯郸，赵国向楚国告急，楚国派将军景阳救赵国。七年（公元前 256 年），楚军到了新中，秦兵离开。十二年（公元前 251 年），秦昭王去世。楚王派春申君去秦国凭吊祭祀。十六年（公元前 247 年），秦庄襄王去世，秦王政继位。二十二年（公元前 241 年），楚国和诸侯共同攻打秦国，没有胜利就撤退了。楚国向东迁都到寿春，称为郢。

二十五年（公元前 238 年），考烈王去世，儿子幽王悍登位，李园杀了春申君。

幽王三年（公元前 235 年），秦国、魏国攻打楚国，秦相国吕不韦去世。九年（公元前 229 年），秦国灭了韩国。十年（公元前 228 年），幽王去世，同母弟弟犹继位，这就是哀王。哀王在位两个多月，哀王的庶出哥哥负刍的亲信袭击杀死了哀王，立负刍为王。这年，秦国俘虏了赵王迁。

楚王负刍元年（公元前 227 年），燕国太子丹派荆轲刺杀秦王。二年（公元前 226 年），秦国派将军攻打楚国，大破楚军，楚国丢了十多座城。三年（公元前 225 年），秦国灭了魏国。四年（公元前 224 年），秦国将军王翦在蕲打破了楚军，杀了将军项燕。五年（公元前 223 年），秦国将军王翦、蒙武攻破了楚国，俘虏了楚王负刍，灭了楚国，改立为郡。

太史公说：楚灵王在申会合诸侯，杀死齐国庆封，修筑章华台，寻求周的九鼎时，志向远大，不把天下放在眼里，他在申亥家饿死时，被天下人取笑。没有修成好的操行，可悲啊！权势对于人来说，能不谨慎对待吗？弃疾因为内乱登上王位，宠爱秦国女子，和她淫乱，太过分了啊，差一点再次使国家灭亡！

史记卷四十一

越王勾践世家

扫描二维码
阅读本篇原文

勾践　范蠡　文种　无彊

越王勾践，他的祖先是大禹的后裔，夏帝少康的庶子。被封在会稽，让他祭祀和守护大禹的坟墓。他文身断发，开辟荒地在那里筑城。二十代以后，到了允常。允常在位期间，和吴国阖庐作战结仇，互相攻打。允常去世，儿子勾践继位，这就是越王。

元年（公元前 496 年），吴王阖庐听说允常去世，就调动军队攻打越国。越王勾践派一支敢死队员挑战，排成三行，到了吴军阵前，大声喊叫，自杀了。吴国的军队看呆了，越军乘机袭击吴军，吴军在槜（zuì）李被打败，越军还射伤了吴王阖庐。阖庐要死了，告诉他的儿子夫差说："一定不要忘了向越国复仇。"

三年（公元前 494 年），勾践听说吴王夫差日夜练兵，将要向越报仇。越国想在吴国没有发兵之前先发制人。范蠡劝阻说："不可以。我听说兵器是不祥的器物，发动战争是不道德的事情，战场争胜负是解决矛盾的最下策。暗中策划不道德的行动，喜欢动用不祥之物，把性命压在最下策上，都是上天禁止的，做这种事情没有好处。"越王说："我已经决定了。"于是出兵。吴王听说后，征调了所有的精锐部队攻打越国，在夫椒打败了越军。越王于是带领五千残兵据守会稽，暂时栖身。吴王追击包围了会稽山。【126】

越王对范蠡说："当初因为不听你的意见，到了这种地步，现在应该怎么办呢？"范蠡回答说："想要保持国家的强盛，必须效法天道的不自满；想要安定国家的危局，必须效法做人的谦卑忍让；想要节约致富，必须效法种地的因地制宜。我们用谦卑的言辞和丰厚的礼物去求和，如果他们不答应和谈，我们就亲身前往，侍奉吴王。"勾践说："好。"于是命令大夫文种去吴求和。文种跪着爬行到吴王面前，叩头，说：

“您的手下败将、亡国的臣子勾践让陪臣文种斗胆向您的手下禀告：勾践请求做您的奴隶，他的妻子做您的奴婢。”吴王准备答应他，伍子胥对吴王说：“天把越赐给吴国，不能答应和谈。”文种回去，把这些报告给勾践。勾践准备杀掉妻子儿女，烧毁金器，拼死一战。文种制止勾践说：“吴的太宰伯嚭贪财，可以用好处诱惑他，请让我秘密前往和他交涉。”因此勾践就把美女、宝器让文种献给吴国的太宰伯嚭。

伯嚭接受了，就把文种引见给吴王，文种叩头说：“希望大王赦免勾践的罪过，勾践将把全部宝物送来。如果您不赦免，勾践将杀尽妻室儿女，烧掉珠宝器皿，拼尽五千人与您决战，这样一定会死伤相当。”【127】伯嚭因而劝吴王说：“越国已经驯服，愿意做臣下，如果赦免他，这对国家有好处。”吴王将要答应他，伍子胥进谏说：“今天不消灭越国，以后一定后悔。勾践是贤明的君主，文种、范蠡是良臣，如果放他们回国，就将成为祸害。”吴王不听，最终赦免了越王，撤军回去。

勾践在会稽受困，叹道：“难道我的事业在这里终止了吗？”文种说：“商汤被拘禁在夏台，文王被囚禁在羑里，晋国重耳逃到翟，齐国小白逃到莒，他们后来都称王称霸。由此看来，何尝不会变成好运呢？”

吴国赦免了越国，越王勾践回国，身心劳苦，思虑焦急，他在座位上放了一个苦胆，坐着、躺着就仰视苦胆，吃饭也要尝一下苦胆。提醒自己：“你忘了会稽的耻辱吗？”【128】他亲自耕作，夫人自己织布，吃饭不吃第二盘肉，不穿两层彩衣，屈尊敬重贤人，优厚地款待宾客，赈济贫民，凭吊死者，和百姓同劳苦。勾践想让范蠡治理国事，范蠡回答说：“用兵的事情，文种不如范蠡；治理国政、亲附百姓，我不如文种。”因此把国家政事托付给大夫文种，让范蠡和大夫柘(zhè)稽去吴国求和，在吴国做人质。两年后，吴国放回了范蠡。

勾践从会稽回来后的第七年，抚恤战士百姓，想向吴国报仇。大夫逢同劝谏说：“国家新近危亡，刚刚又殷实富足，修饰车马准备锐利兵器，吴国一定担忧，担忧就一定会有祸

【128】

难。况且猛禽攻击，一定隐匿形体。现在吴军对齐国、晋国用兵，和它们的仇怨比和楚国、越国深；在天下享有很高的名望，其实危害周王室，德行少，武功多，一定会淫乱骄矜。为越国着想，不如结好齐国，亲近楚国，依附晋国，厚待吴国。吴国志向大，一定会轻率作战。这样我们联结齐、晋、楚三国力量，共同攻打它，越国乘着吴国疲弱可以战胜它。”勾践说：“好。”

过了两年，吴王将要攻打齐国，伍子胥劝谏说：“不可以。我听说勾践吃饭都不吃两样肉菜，与百姓同甘共苦，这人不死，一定成为吴国祸患。吴国有越国，这是心腹大患，齐国对于吴国来说只是疥癣小患。希望君王放弃攻打齐国，先对付越国。”吴王不听，于是攻打齐国，在艾陵打败了齐军，俘虏了齐国的高氏、国氏回来，吴王责备子胥。子胥说：“君王不要高兴得太早。”吴王发怒，子胥想自杀。吴王制止了他。越国大夫文种：“我看吴王处理政事已经怠慢了，请试探向它借粮，来试探一下。”请求借粮。吴王准备借，伍子胥劝谏不要给，吴王还是给了。越王于是暗暗高兴。伍子胥说：“君王不听劝谏，三年后，吴国大概要成为废墟了。”太宰伯嚭知道了，就多次与伍子胥争论对付越国的问题，因而进谗言诽谤伍子胥说：“伍子胥貌似忠心，实际上是一个残忍的人，他连父亲、哥哥都不顾，哪里能顾及君王？君王先前想讨伐齐国，他固执地劝谏，不久伐齐成功了，因此反而怨恨君王。君王不防备伍子胥，伍子胥一定作乱。”他和逢同共同策划，向吴王进谗言。吴王开始还不听，就让伍子胥出使齐国，得知他把儿子带到齐国托付给鲍氏，吴王因而大怒说：“伍子胥果然欺骗我，准备造反！”派人赐给伍子胥属镂剑，让他自杀。伍子胥大笑说：“我辅佐你父亲称霸，我又立你为君王，你当初想把吴国分给我一半，我不接受，到了今天，你反而听信谗言杀我，哎，哎！你一个孤家寡人必定不能独自立国。”回报使者说：“一定要取下我的眼睛放在吴国都城的东门上，我要看越军来进攻。”这时吴王把政事交给了伯嚭。

过了三年，勾践召来范蠡，问：“吴国已经杀了伍子胥，吴王身边阿谀逢迎的人很多，可以讨伐吗？”范蠡回答说：“不可以。”

第二年春天，吴王北上在黄池会合诸侯，吴国的精兵跟随着吴王，只有老弱士兵与太子留守。勾践又问范蠡，范蠡说：“可以了。”于是征发精锐的水军两千人，训练有素的士兵四万人，禁卫军六千人，有军职的官吏一千人，攻打吴国。吴军失败，吴国太子被杀。吴国向吴王告急，吴王正在黄池会合诸侯，担心天下诸侯知道，就隐瞒了这件事。吴王在黄池会盟后，就派人送厚礼来请越国讲和。越王勾践估计也不能灭掉吴国，就与吴国讲和。

此后四年，越国又攻打吴国，吴国士兵百姓十分疲惫，精锐部队都死在了齐国、晋国。越国大破吴国，留下来包围了吴都三年，吴军失败。越国于是把吴王逼退到了姑苏山上。吴王派公孙雄赤着上身、跪着爬行上前，向越王求和，说：“孤立无援的臣下夫差大胆地说出心里话，从前我曾经在会稽得罪越王，夫差不敢违背命令，希望能够与君王讲和，让您回去。现在君王劳动大驾向孤臣问罪，孤臣唯命是听，想必您也能像会稽时一样赦免孤臣的罪过吧！”【129】勾践不忍心，准备答应他。范蠡说：“会稽的事情，天把越国赐给吴国，吴国不要。今天天把吴国赐给越国，越国难道可以违背天命吗？况且君王起早贪黑，难道不是为了消灭吴国吗？我们谋划了二十二年，却一下子放弃了，这怎么可以呢？况且天赐的东西不去取得，反过来会受连累。《诗经》曾说：‘拿着斧头去砍斧头柄，样子就在手里。’君王忘了会稽的困厄吗？”勾践说：“我想听先生的话，但是我不忍心看到他们的使者

失望的样子。”范蠡于是击鼓进兵，说：“君王已经把政事托付给我，使者走吧，否则我们就不客气了。”吴国使者哭着离开了。勾践怜悯他，于是派人对吴王说：“我把君王安置在甬东，统治一百户人家。”吴王谢绝说：“我老了，不能侍奉君王。”于是自杀。临死前他掩面说：“我无颜见伍子胥啊！”越王因而安葬吴王，诛杀了太宰伯嚭。

勾践平定了吴国，就领兵北渡淮河，与齐国、晋国在徐州会盟，给周送贡品。周元王派人赐给勾践胙肉，任命他为伯。勾践离开后，渡过淮河南下，把淮河边的土地给了楚国，把吴国侵占宋国的土地还给宋国，送给鲁国泗水东边方圆一百里土地。在这时，越军在长江、淮河东边横行，诸侯都来恭贺，称为霸王。

范蠡于是离开，从齐国送给大夫文种一封信说："飞鸟一旦捕尽，良弓就没了用处；狡兔一旦被捕杀，猎狗就煮了做汤。越王为人，生得脖子长，嘴像鸟，可以和他共患难，不能与他共安乐，您为何不离开？"文种看到信，称病不上朝。有人进谗言说文种将作乱，越王于是赐给文种剑说："您教我攻打吴国七种方法，我用了其中三种打败了吴国，还有四种方法在您那里，您替我去先王那里试用吧。"文种就自杀了。

勾践去世，儿子越王鼫（shí）与继位。越王鼫与去世，儿子越王不寿继位。越王不寿去世，儿子越王翁继位。越王翁去世，儿子越王翳即位。越王翳去世，儿子越王之侯即位。越王之侯去世，儿子越王无彊即位。

越王无彊时，越国兴兵北伐齐国，西攻楚国，与中原诸侯争强。在楚威王时，越国北伐齐国，齐威王派人游说越王说："越国不讨伐楚国，大不能称王，小不能称霸。设想越国之所以不攻打楚国，因为不能得到三晋的支持。韩国、魏国固然不会攻打楚国。韩国攻打楚国，一旦失败，军队覆没，将领被杀，这样叶县、阳翟危急；魏国也会军队覆没，将领被杀，这样陈县、上蔡就会不安定。所以韩、魏侍奉越国，不至于军队覆没，将领被杀，也不会效汗马之劳。为什么要重视得到三晋的支持呢？"越王说："我们对三晋的要求，不求他们出战，何况攻城围邑呢？希望魏国聚结军队在大梁之下，希望齐国在南阳、莒县演练军队，聚集在常、郯的边境，这样方城之外的军队就不会南下，淮、泗之间的军队不能东进，商、於、析、郦、宗胡的土地，夏路以西的部队，不能够防备秦国，江南、泗水不能对付越国。这样齐国、秦国、韩国、魏国都在楚国那里满足了心愿。韩国、魏国不作战就分到土地，不耕种就收获。可是韩国、魏国不这样做，却在黄河、华山之间用兵，听从齐国、秦国，用事的人这样失策，凭这怎能称王？”齐国的使者说：“越国没有灭亡，真庆幸啊！我不认为那种像用眼睛看东西一样的聪明智慧有什么可贵的，眼睛能看得到毫毛，却看不到自己的睫毛。现在君王知道韩、魏失策，自己却不知道越国的过失。这正与眼睛看东西的道理一样。君王对三晋的要求，并非是要他们建立汗马功劳，又不是要他们与越国合兵结好，只不过希望能够分散楚国的兵力啊。现在楚国的兵力已经分散了，还有什么依赖韩、魏的？”越王说：“该怎么办？”齐国的使者说：“楚国三位大夫动用了九支军队，在北边包围了曲沃、於中，直到无假关，有三千七百里长的战线，景翠的军队在北边集结到鲁国、齐国和韩国南阳一带，兵力分散有比这更厉害的吗？况且君王所追求的是使三晋与楚国争斗，只要三晋与楚国不争斗，越军就不出动，这就是知二五而不知十。此时不攻打楚国，我就知道越国往大不能称王，往小不能称霸。况且雠、庞、长沙，是楚国的粮食产地，竟泽陵是楚国木材产地。越国军队只要打通无假关，这四个邑就不能上贡侍奉郢都了。我听说，图谋称王不成功，那不济还可以称霸。可是连称霸都做不到，就失去了王道。因此希望大王转为攻打楚国。”

因此越国就放过了齐国，改为攻打楚国。楚威王起兵攻打越国，大败越国，杀掉了越王无彊，夺取了过去吴国的旧地一直到浙江一带，北上在徐州打败了齐国。越国因此分散，同族的儿子们争夺王位，有的称王，有的称君，分散在海边各地，服从朝拜楚国。

七代之后，到了闽君摇，帮助诸侯灭秦。汉高祖让摇做了越王，让他接续越国血脉。东越、闽君，都是越王勾践的后代。

范蠡侍奉越王勾践，历尽艰辛，与勾践一起深谋远虑二十多年，终于灭了吴国，洗雪了会稽的耻辱。越军向北从淮河渡过，临近齐国、晋国，号令中原诸侯，以尊奉周王室，勾践称霸，范蠡号称上将军。回到越国，范蠡认为名声太大，盛名不能长久，况且看出勾践的为人，可以和他共患难，难以与他享安乐，就写信辞谢勾践说：“我听说主上忧虑，臣下应该劳顿；主上受辱，臣下应该赴死。从前君王在会稽受辱，我之所以没有去死，就是为了今天称霸。现在已经雪耻，我请求追究我兵败的罪过。”勾践说：“我将和你分享国家，不这样，就加死罪给你。”范蠡说：“君王可以发布命令，我要顺从自己的意愿。”于是装上便于携带的宝物珠玉，自己和部属亲信乘舟泛海出发，最终没有回来。因此勾践标记会稽山作为范蠡的封邑。【130】。

范蠡泛海出奔齐国，改名换姓，自称鸱夷子皮，在海边耕种，父子几人身心劳苦，竭尽力量治理产业。过了不久，获得几十万财产。齐国人得知他贤能，让他做相国。范蠡喟

然叹道：“居住在家就获得千金，做官就位至卿相，这是平民能达到的顶点了，长久享受尊贵的名誉，不吉利。”于是归还相国印玺，把所有的财产散发给乡亲，怀揣着贵重的宝物，从小路离开，在陶县停下来，认为这是天下的中心，做买卖的道路通畅，谋生可以致富。因此自称陶朱公。父子几人又在这里耕种畜牧，抛售囤积，根据季节转运货物，征逐商业利润。过了不久，就积累金钱上亿，天下人称他为陶朱公。

朱公住在陶时，生了小儿子。小儿子长大了，朱公的二儿子杀了人，被囚禁在楚国。朱公说：“杀人抵命，这是本分。可是我听说富家的儿子不在街头被处死。”他告诉他的小儿子前往探视。于是装了一千镒黄金，放在麻袋中，用一辆牛车装载。即将打发小儿子出发时，朱公的大儿子坚决请求要去。朱公不听从。大儿子说：“家里的大儿子是家务的总管。现在弟弟有罪，父亲不派我去，却派小弟弟去，这是我没出息。”想要自杀。他母亲替他说话道：“现在让小儿子去，未必能让二儿子活命，却先白白地让大儿子死了，何苦呢？”朱公不得已派大儿子去，写了一封信给先前关系好的庄先生，说：“到了就送一千金给庄先生家，任凭他处置，千万不要和他争执。”大儿子出发了，又自己带了几百镒黄金。【131】

到了楚国，庄先生家靠着外城，拨开高高的野草才到门边，居住条件相当艰苦。然后大儿子拿出书信，献上一千镒黄金，像他父亲所讲的那样做。庄先生说：“你赶快走了，千万不要留下。即使你弟弟放出来，也不要问怎么回事。”大儿子离开后，不再探望庄先生，但自己留在了楚国国都，把他自己带来的钱送给楚国的当权贵人。

庄先生虽然住在陋巷，然而以廉洁正直闻名于都城，从楚王以下都把他当老师来尊敬。至于朱公送来的金钱，他并非有意接受，而是想在事成后再归还以表信义罢了。所以收下了金子后，对他妻子说：“这是朱公的金子，是突然送来的，记住我们以后要归还，不要动用。”朱公的大儿子不知道他的意思，以为他不见得会有什么办法。

庄先生找机会进见楚王说：“某个星移到某个位置，这对楚国有害。”楚王一向信任庄先生，问：“现在该怎么办呢？”庄先生说：“只有用德政可以除掉灾害。”楚王说：“庄先生别说了，我马上就办。”楚王因此派使者封闭三钱①的府库。楚国贵人惊奇地告诉朱公的大儿子说：“君王将要大赦了。”

① 三钱：虞、夏、商、周的钱币有三等，分别是赤色的、白色的、黄色的。

大儿子问："为什么？"说："每次楚王将要赦免，就会把三钱府库封闭。昨天晚上君王派使者封闭了三钱府库。"朱公的大儿子以为大赦天下，弟弟当然应当出来，舍不得把千金白白地给了庄先生，没有干什么，就又去见庄先生，庄先生惊奇地说："你怎么没有离开？"大儿子说："确实没有离开，当初为了弟弟的事情而来，弟弟现在据说可以被赦免了，所以辞别您离开。"庄先生知道他想拿回他的金子，说：

“你自己进屋拿金子吧。”大儿子就进屋拿了金子离开了，自己觉得很高兴。

庄先生觉得这是被朱公的儿子戏耍了，就进见楚王说：“我上次说某个星宿的事，君王说想用修德政回报。今天我出来，路上都说陶县富人朱公的儿子因杀了人被囚禁在楚国，他家拿了很多钱贿赂大王左右的人，所以大王不是能体恤楚国人民才赦免罪人，只是因为朱公儿子的缘故啊！”楚王大怒说：“我虽然没有德行，怎么会因为一个朱公的儿子大赦天下呢！”于是下令处死朱公的儿子。第二天才下了赦令。朱公的大儿子只好带着弟弟的尸体回去了。【132】

到家后，他母亲和邻居们都哀痛，只有朱公一个人笑，说：“我早就知道，他去一定会断送了弟弟的性命。他并非不爱他弟弟，只是舍不得钱财。他小时和我在一起，知道艰辛和谋生不易，所以看重财物。至于小儿子，生来看见我富裕，只知乘坐好车、驱使好马追逐狡兔，哪里知道钱财的来处，所以很容易舍弃钱财，不知吝惜。前几天我之所以想让小儿子去，就是因为他能舍弃财物。而大儿子不能这样，因此最终害了他弟弟，这也是理所应当，不值得悲哀。我本来就日夜等着二儿子的尸体运回来。”

因此范蠡三次迁徙，天下闻名。他不是随便离开，停留在一处必定在那里成名。后来老死在陶县，所以世人相传称他为陶朱公。

太史公说：禹的功劳伟大，疏导河流，安定九州，到现在中原地区仍然安宁。到了后代勾践，身心劳苦，终于灭了强大的吴国，向北陈兵，在中原示威，尊奉周王室，号称霸主。勾践还不被称为贤君吗？大概他有大禹遗留的功业吧！范蠡迁徙三次，都有荣耀的名声，名垂后世。有这样的臣下和君主，想不让他显赫，可能吗？

知识拓展

尝胆卧薪

释义：睡觉睡在柴草上，吃饭睡觉都尝一尝苦胆。形容人刻苦自励，发奋图强。

出处：《史记·越王勾践世家》：“吴既赦越，越王句践反国，乃苦身焦思，置胆于坐，坐卧即仰胆，饮食亦尝胆也，曰：‘女忘会稽之耻邪？’”

大名难居

释义：指盛名之下不易自处。

出处：《史记·越王勾践世家》：“还反国，范蠡以为大名之下，难以久居，且句践为人可与同患，难与处安，为书辞句践曰……”

史记卷四十二

郑世家

扫描二维码
阅读本篇原文

郑桓公　郑庄公　祭仲　郑厉公　子产　郑文公
郑穆公　郑简公

郑桓公姬友是周厉王的小儿子，周宣王的庶弟。周宣王继位二十二年，友开始被封在郑。受封三十三年，百姓都因生活安逸而爱戴他。周幽王用他做司徒，团结周的百姓，百姓都喜欢他，黄河、洛水之间的人民也觉得安逸而思念他。

做司徒一年，周幽王因为宠爱褒姒的缘故，王室统治多有邪恶的事情，有些诸侯背叛了王室。因此，郑桓公问太史伯："王室多祸乱，我哪里可以逃避一死呢？"太史伯回答说："只有洛邑的东方土地，黄河、济水的南边可以居住。"郑桓公又问："为什么？"回答说："那地方靠近虢、郐（kuài），而虢、郐的君主贪婪好利，百姓不归附。现在您做司徒，百姓都喜欢您，您如果真的请求住在那里，虢、郐的君主看到您正当权，会轻率地分给您土地。您真要居住在那里，虢国、郐国的百姓将都是您的百姓。"桓公说："我想向南到长江边，怎么样？"回答说："从前祝融做了高辛氏的火正，他的功劳很大了，可是他的后人在周没有兴旺的，楚国是他的后代。周王室衰微，楚国一定兴起。若兴起，对郑国不利。"桓公说："我想居住到西方，怎么样？"回答说："那里的百姓贪婪好利，难以长久居住。"桓公问："周王室衰微，哪些国家兴起呢？"回答说："大概是齐国、秦国、晋国、楚国吧？

【133】

齐国是姜姓，伯夷的后代，伯夷辅佐尧帝掌管礼仪。秦国是嬴姓，是伯翳的后代，伯翳辅佐舜帝教化万物。他们和楚国的祖先都曾对天下有功。周武王战胜商纣王后，成王把叔虞封在唐，那里地势险阻，凭这样有德的子孙，再加上衰微的周王室，也一定会兴起了。”桓公说：“好。”因此最终向天子言明，把他的百姓迁到洛邑东方，虢国、郐国果然献出十座城邑，在那里立了国。

第二年，犬戎在骊山下杀死了周幽王，同时也杀死了郑桓公。郑国人拥立他的儿子掘突，他就是郑武公。

郑武公十年(公元前761)，娶申侯的女儿为妻，称为武姜。生了太子寤生，生他时难产，因此，夫人不喜欢他。后来生了小儿子叔段，段出生时顺利，夫人溺爱他。二十七年（公元前744年），武公生病，夫人请求武公立段做太子，武公不听从。【133】这年武公去世，寤生即位，他就是郑庄公。

庄公元年（前743年），把弟弟段封在京邑，称为太叔。祭仲说："京邑比都城大，不是用来封庶弟的。"庄公说："武姜想这样，我不敢争夺。"段到了京邑，修治甲兵，和他母亲武姜密谋袭击郑都。二十二年（公元前722年），段果然袭击郑国，武姜作为内应，庄公派兵进攻段，段逃回京邑。攻打京邑，京人背弃段，段逃到了鄢，鄢溃败，段又出逃到共。因此庄公把他母亲武姜迁到城颍，发誓说："不到黄泉，不会相见。"【134】过了一年多，庄公后悔了，他思念母亲。颍谷的考叔有东西献给庄公。庄公赐给他食物，考叔说："我有母亲，请把您的食物赐给我母亲。"庄公说："我很思念母亲，又不愿意违背誓言，怎么办？"考叔说："掘地到黄泉，就可以相见了。"因此庄公听从了颍考叔的话，与母亲相见。

二十四年（公元前720年），宋穆公去世，公子冯逃到郑国。郑国侵占了周的土地，收走了周的粮食。二十五年（公元前719年），卫国的州吁杀了他的国君卫桓公，自立为君，和宋国一起攻打郑国。二十七年（公元前717年），郑开始朝拜周桓王。周桓王生气他收走了粮食，不礼遇他。二十九年（公元前715年），郑庄公生气周对他无礼，与鲁国交换了祊、许的土地。三十三年（公元前711年），宋国杀了孔父。三十七年（公元前707年），郑庄公不去朝拜周天子，周桓王率领陈、蔡、虢、卫四国军队攻打郑国。郑庄公与祭仲、高渠弥调集军队自救，周天子的军队大败。祝聸射中了周桓王的手臂。祝聸请求追赶，庄公制止他说："冒犯长辈尚且为难，何况胆敢欺凌天子呢！"于是收兵。夜晚派祭仲探问

桓王的病情。

三十八年(公元前706年),北戎攻打齐国,齐派使者求救,郑国派太子忽率军队援救齐国。齐釐公想把女儿嫁给他,太子忽辞谢说:“郑国是小国,不能与齐国匹配。”这时祭仲和他在一起,劝太子忽娶齐国女子,说:“国君内宠很多,太子没有强大的外援将不能继位,三位公子都有可能成为国君。”所谓三位公子,是太子忽,他弟弟突、小弟弟子亹。

四十三年(公元前701年),郑庄公去世。当初,祭仲很受庄公宠信,庄公任他做卿,派他出使邓国迎亲,生了太子忽,因此祭仲拥立太子忽继位,这就是郑昭公。

庄公又娶了宋国大夫雍氏的姑娘,生了厉公突。雍氏在宋国受宠信。宋庄公听说祭仲拥立太子忽,就派人诱捕了他,

【135】

威胁说："不立突为君，就处死你。"又抓来突索要财物。祭仲答应了宋国，与宋国订立盟约。带着突回国，立他为君。昭公忽知道祭仲因为宋国要转而拥立他弟弟突。九月丁亥日，忽逃到卫国。己亥日，突回到郑国继位，这就是郑厉公。

厉公四年（公元前697年），祭仲专揽国事。厉公担心他，派祭仲的女婿雍纠暗中杀掉他。雍纠的妻子是祭仲的女儿，知道了这件事，问她母亲说："父亲与丈夫哪个亲近？"她母亲说："父亲只有一个，而所有的男子都可能做丈夫。"【135】女儿于是告诉祭仲，祭仲反过来杀了雍纠，在街上陈尸示众。厉公对祭仲没有办法，怨恨雍纠说："与女人谋事，本来就该死！"夏天，厉公离开郑都，居住在边远的栎邑。祭仲迎接昭公忽，六月乙亥日，昭公忽又回到郑国，即位。

秋天，厉公突借助栎邑人杀死栎邑的大夫单伯，于是居

住在那里。诸侯听说厉公出奔，于是攻打郑国，没有获胜就退走了。宋国给了厉公很多兵马，让他自己防守栎邑，郑国因此也不攻打栎邑。

昭公二年（公元前 695 年），自从昭公做太子时，他的父亲庄公想用高渠弥做卿，太子忽不喜欢他，庄公不听，最终用高渠弥做卿。到昭公继位，高渠弥怕他杀了自己，冬季十月辛卯日，高渠弥和昭公一起外出打猎，在郊野中射死了昭公。【136】祭仲与高渠弥不敢让厉公回来，就改立昭公的弟弟子亹为君，这就是子亹，他没有谥号。

子亹元年七月，齐襄公在首止会合诸侯，郑子亹前往会盟，高渠弥随从辅佐，祭仲称病不去。之所以如此，是因为子亹在齐襄公还是公子时，曾经与他交手打斗，互相仇视。等到会合诸侯，祭仲请求子亹不要去。子亹说：“齐国强大，厉公住在栎邑，假如我不去，齐会借故率领诸侯攻打我，纳入厉公。我不如去，到那里也不一定会受屈辱，况且不至于到了这种地步。”终于去了。而祭仲怕齐国连他也一起杀了，所以称病不去。子亹到了，不向齐侯道歉，齐侯发怒，于是埋伏甲兵杀了他。高渠弥逃了回来，与祭仲策划，从陈国召回子亹的弟弟子婴，立他为君，这就是郑子。这年，齐襄公让彭生灌醉了鲁桓公，折断他的肋骨，然后杀了他。

郑子婴八年（公元前 686 年），齐国人管至父等作乱，杀了齐襄公。十二年（公元前 682 年），宋国人长万杀了宋湣公。郑国祭仲去世。

十四年（公元前 680 年），流亡在栎邑的厉公突派人引诱劫持了郑国的大夫甫瑕，要挟他帮助厉公回国。甫瑕说:“放了我，我为您杀了郑子让您回国。”厉公与他起誓，才放了他。六月甲子日，甫瑕杀了郑子及他的两个儿子，从栎邑迎接厉公突回来即位。当初，郑国都城里边的蛇和外边的蛇在南门争斗，城里的蛇死了。过了六年，厉公果然又回来了。他回来后责备他的伯父原说：“我流亡在外，伯父无意让我回来，也太过分了。”原说：“侍奉君主没有二心，是做臣子的职分，我知罪了。”于是自杀了。厉公因而对甫瑕说：“您侍奉君主有二心。”于是处死了他。甫瑕临死前说：“大的恩德不会得到报答，真是这样啊！”

厉公突后元年（公元前 679 年），齐桓公开始称霸。

五年（公前 675 年），燕国、卫国和周惠王的弟弟穨攻打周王。周惠王出逃到温，于是拥立他的弟弟穨为周王。六年（公元前 674 年），周惠王向郑求救，厉公派兵攻打王子穨，

没有获胜，因此与周惠王回来了，周惠王住在栎邑。七年（公元前 673 年）春天，郑厉公与虢叔袭击杀死了王子穨，把周惠王送回了周。

秋天，厉公去世，儿子文公踕（jiē）继位。厉公起初在位四年，逃亡到栎邑住了十七年，又回来即位七年，加上流亡的时间一共二十八年。

文公十七年（公元前 656 年），齐桓公兴兵攻破蔡，于是又攻打楚国，到了召陵。

二十四年（公元前 649 年），文公有个卑微的妾叫燕姞（jí），梦见天帝给她兰草，说："我是伯鯈，是你的祖先。把这个作为你的儿子的名字，兰草有国香。"燕姞把梦告诉了文公，文公垂幸于她，给她兰草作为信物。因此生了一个儿子，取名叫兰。【137】

三十六年（公元前 637 年），晋国公子重耳经过，文公对他无礼。文公的弟弟叔詹说："重耳贤德，又是同姓，他在穷困中访问您，不可以没有礼貌。"文公说："诸侯流亡的公子来拜访的太多了，哪能一一礼遇？"叔詹说："君王不礼遇他，就杀了他；否则，假使他回国，就会成为郑国的忧患了。"文公不听。

三十七年（公元前 636 年）春天，晋国公子重耳回国继位，他就是晋文公。秋天，郑国侵入滑，滑听从命令，不久反过来与卫国结好，因此，郑国攻打滑。周襄王派大夫伯犕（bèi）请求放过滑。郑文公怨恨周惠王流亡在栎邑时，文公的父亲厉公送他回去，而惠王不赐给厉公爵位和俸禄，又怨恨周襄王帮助卫国、滑国，因而不听襄王的请求，囚禁了伯犕。周襄王生气了，与翟人一起攻打郑，没有获胜。冬天，翟人攻打周襄王，襄王逃到郑，郑文公让襄王住在氾。三十八年（公元前 635 年），晋文公又把襄王送到成周。

四十一年（公元前 632 年），郑国帮助楚国攻打晋国。因为晋文公当年经过郑国时没有礼遇他，因此郑背叛晋国帮助楚国。四十三年（公元前 630 年），晋文公和秦穆公一起包围郑国，讨伐它帮助楚国攻打晋国，以及晋文公经过时郑没有礼遇。当初，郑文公有三位夫人，五个宠爱的儿子，都因犯罪早死了。郑文公发怒，把公子们全都驱逐了。子兰逃到晋国，跟随晋文公包围郑国。这时子兰侍奉晋文公很恭敬，晋文公宠用他，子兰私下求晋国让他回郑做太子。晋国这时想得到叔詹杀掉他。郑文公害怕，不敢对叔詹说。叔詹知道了，对郑文公说："我对您说过，您不听从我，晋国终于成了祸

【138】

患。然而晋国所以包围郑国，是因为我。我死了能救郑国，这正是我的愿望。”于是自杀。郑国人把叔詹的尸体交给晋国，晋文公说：“我一定要当面羞辱郑君后再撤兵。”【138】郑人担忧，就派人私下对秦国说：“攻破郑国，使晋国强大，对秦国没有好处。”秦国军队停止进攻。【139】晋文公想送回子兰做太子，把这个意思告诉郑国，郑国大夫石癸说：“我听说姞是后稷的元妃，她的后代应当有兴起的。子兰的母亲是她的后人，况且夫人的儿子都已经死了，其余的庶子没有人比子兰更贤德的，现在晋国被围，事态紧急，晋国以此相要求，有什么比这更好的啊！”于是答应了晋国，与它订立盟约，最终立子兰为太子，晋兵才撤走。

四十五年（公元前628年），文公去世，子兰继位，他就是郑穆公。

穆公元年（公元前 627 年）春，秦穆公派三位将军领兵准备袭击郑国，到了滑，碰上郑国商人弦高骗他们，用十二头牛犒劳秦军，因此秦兵没有到郑国就回去了，晋国在崤打败了秦军。当初郑文公去世时，郑国的司城缯贺把郑国的内情出卖了，秦兵因此前来。三年（公元前 625 年），郑国派兵随从晋国攻打秦国，在汪打败了秦军。

去年，楚国太子商臣杀死他父亲楚成王自立为王。穆公二十一年（公元前 607 年），楚和宋国华元一起攻打郑国。华元杀羊给士兵吃，没有给他的车夫羊斟，羊斟生气，把车驾到郑军阵中，郑国囚禁了华元。宋国来赎回华元，华元也逃走了。晋国派赵穿用兵攻打郑国。

二十二年（公元前 606 年），郑穆公去世，子夷继位，他就是郑灵公。

郑灵公元年（公元前605年）春天，楚国献鼋（yuán）[1]给灵公。子家、子公将要朝见郑灵公，子公的食指动了动，他对子家说："以前食指动，一定会吃奇异食品。"等到进来，看见灵公上了一道鼋羹，子公笑道："果然是这样！"灵公问他笑的原因，子公详细地告诉了灵公。灵公召他进餐，故意不给他鼋羹，子公发怒，用指头蘸了一下鼋羹，尝了尝出去了。【140】灵公发怒，想杀死子公。子公与子家策划先发制人。夏季，他们杀死了灵公。郑国人想立灵公的弟弟去疾，去疾谦让说："如果要按贤德立君，去疾不够贤能；如果按照长幼顺序，那么公子坚年长。"公子坚是灵公的庶弟、去疾的哥哥。因此就立子坚为君，他就是郑襄公。

---

① 鼋：俗称绿团鱼，生活在河中。

襄公继位，想杀灭缪氏，缪氏是刺杀灵公的那位子公的家族。去疾说："一定要杀尽缪氏的话，我就离开。"于是作罢，让他们都做了大夫。

郑襄公元年（公元前 604 年），楚国怨恨郑国接受宋的贿赂放了华元，攻打郑国。因此，郑国背离楚国，与晋国亲近。五年（公元前 600 年），楚国又来攻打郑国，晋国来救郑。六年（公元前 599 年），子家去世，国人又驱逐了他的家族，因为他杀了灵公。

七年（公元前 598 年），郑国与晋国在鄢陵会盟。八年（公元前 597 年），楚庄王因为郑国与晋国结盟，来讨伐郑，包围了郑都三个月，郑国人献出城向楚国投降。楚庄王从皇门进来，郑襄公袒着上身牵着羊迎接他，说："我不能统治边远的小城，致使君王怀着怨恨到了我这破败的城池，这是我的罪过，我哪里敢不听您的命令？君王把我迁到江南，或者把郑赐给诸侯，也听从您的命令。如若君王不忘周厉王、宣王和郑桓公、武公，哀怜因而不忍心断绝他们的社稷，赐给我不长草木的荒凉之地，使得我能侍奉君王，正是我的心愿。可是这不是我敢奢望的。我斗胆说出心里话，一切听从您的命令。"楚庄王为此后退三十里驻扎下来，楚国的大臣们说："从郢来到这里，士大夫也疲劳很久了，现在得到国家却舍弃了，为什么？"庄王说："之所以讨伐，是讨伐不服从，现在他们已经服从了，还求什么呢？"最终离开了。晋国听说楚国攻打郑国，派兵来救郑国。晋国来时将领意见不统一，所以迟了，到了黄河边，楚军已经离开。晋军将领有的想渡河追击，有的想撤回去，最终还是渡过了黄河。楚庄王听说，

回师攻击晋军，郑国反过来帮助楚国，在黄河边大败晋军。十年（公元前 595 年），晋国来讨伐郑国，因为郑背叛晋国亲附楚国。

十一年（公元前 594 年），楚庄王攻打宋国，宋国向晋国求救。晋景公准备派兵救宋国，伯宗劝谏景公说：“上天正帮助楚国，不可以攻打。”于是寻找壮士，找到了霍人解扬，字子楚，欺骗楚国，让宋国不要投降。解扬经过郑国，郑国与楚国亲近，因而抓起解扬献给楚国，楚王重赏他，与他约定，让他反过来说话，劝宋国赶紧投降，多次要挟解扬才答应。因此楚国让解扬登上楼车，让他对宋人喊话，解扬于是违背与楚国的约定而传达了晋君的命令：“晋国正在征集全国的军队来救宋国，宋国虽然危急，千万不要投降，晋国军队马上到了！”【141】楚庄王大怒，要杀了他。解扬说：“君主能制定发布命令是义，臣下能承担完成命令是信，我接受我们君主的命令出来，死也不能让君王的命令落空。”庄王说：“你答应我了，又背弃了，信用在哪里？”解扬说：“之所以答应您，想以此完成我们君主的命令。”将要被处死时，他回头对楚军说：“做臣子的不要忘了尽忠而获死罪的人。”楚王的弟弟们都劝楚王赦免他，因此赦免解扬让他回去，晋国封他为上卿。

十八年（公元前 587 年），襄公去世，儿子悼公濆继位。

郑悼公元年（公元前 586 年），鄦[①]公向楚王进郑的谗言。悼公让弟弟睔（gùn）到楚国申辩，申辩不成，楚国囚禁了睔。因此郑悼公来同晋国议和，因而晋、郑亲附。睔和楚国的子反有私交，子反劝说楚王把睔放回郑国。

二年（公元前 585 年），楚国攻打郑国，晋国军队来救援。这年，悼公去世，立他的弟弟睔，这就是郑成公。

郑成公三年（公元前 582 年），楚共王说：“郑成公，我对他有恩。”派人来和郑结盟。成公私下与楚结盟。秋天，成公朝拜晋国，晋国说：“郑私下与楚讲和。”把他抓起来，派栾书攻打郑国。四年（公元前 581 年）春天，郑国担心晋国围城，公子如因而立成公的庶兄繻为国君。这年四月，晋国得知郑国立了新国君，就放还了成公，郑人听说成公回来，又杀了君繻，迎接成公。晋军离开了。

十年（公元前 575 年），郑国背弃同晋国的盟约，在楚国会盟。晋厉公发怒，派兵攻打郑国。楚共王救郑国，晋、

① 鄦：周代国名，后作“许”。

楚在鄢陵交战，楚军失败，晋国射伤了楚共王的眼睛，都停兵而去。十三年（公元前 572 年），晋悼公攻打郑国，陈兵在洧（wěi）水边，郑国坚守城池，晋国军队也离开了。

十四年（公元前 571 年），成公去世，儿子恽继位，这就是郑釐公。

釐公五年（公元前 566 年），郑国的相国子驷朝见釐公，釐公不以礼相待。子驷发怒，让厨子毒死了釐公，告诉诸侯们说："釐公得暴病去世了。"他拥立釐公的儿子嘉，嘉这时只有五岁，这就是郑简公。

简公元年（公元前 565 年），公子们策划杀死相国子驷，子驷发觉了，反而全部杀死了公子们。二年（公元前 564 年），晋国攻打郑国，郑国与晋国订立盟约，晋军离开。冬天，郑国又与楚国结盟。子驷害怕被杀，因此两面依附晋国、楚国。三年（公元前 563 年），相国子驷想自立为君，公子子孔指使尉止杀了相国子驷取而代之，子孔又想自立为君。子产说："子驷做了不能做的事，您处死了他，现在又仿效他，这样祸乱就没有停息的时候了。"因此子孔听从他，做了郑简公的相国。

四年（公元前 562 年），晋国生气郑国与楚国结盟，攻打郑国，郑国与晋结盟。楚共王救郑国，打败了晋军。简公想和晋议和，楚国又囚禁了郑国的使者。

十二年（公元前 554 年），简公不满相国子孔专权，杀了他，用子产做卿。十九年（公元前 547 年），简公去晋国请卫君回去，封给子产六个邑，子产谦让，接受了其中三个。二十二年（公元前 544 年），吴国派延陵季子出使郑国，见了子产像老朋

【142】

友一样，对子产说："郑国的执政者奢侈，灾难将到了，政权将到您手上，您处理政事，一定要遵循礼，不这样，郑国将衰败。"子产优厚地款待了季子。【142】二十三年（公元前 543 年），公子们争宠相互残杀，又想杀死子产，有的公子进谏说："子产是仁义的人，郑国所以能保存下来就是因为有子产，不能杀他。"于是作罢。

二十五年（公元前 541 年），郑国派子产出使晋国，探问晋平公的病情。晋平公说："占卜说实沈、台骀作祟，史官不明白。想向您请教。"子产回答说："高辛氏有两个儿子，大儿子叫阏伯，小儿子叫实沈，居住在大森林中，彼此不和，每天拿着武器互相攻打。尧帝不高兴，把阏伯迁到商丘，主持祭祀辰星，商人继承了此事，所以辰星被称作商星。把实沈迁到大夏，主持参星的祭祀，唐人继承了此事，服侍夏、商，唐人的末代国君叫唐叔虞。适逢武王的妃子邑姜正怀着大叔时，梦见天帝对自己说：‘我给你儿子取名叫虞，你把唐封给他，把参星的祭祀交给他，繁衍他的子孙。’到大叔出生后，有一个‘虞’字在他手中，因此用这个做他的名字。周成王时灭了唐国封给大叔。所以参是晋祭祀的星宿。由此看来，实沈是参星的神灵，从前金天氏[①]有后裔叫昧，做了水官之长，生了允格、台骀。台骀能够继承昧的官职，沟通汾水、洮河，阻塞大泽的水，因而住在太原。颛顼帝嘉勉他，让他在汾水边立国。沈、姒、蓐（rù）、黄四国都奉守他的祭祀。现在晋国占有汾水，灭了他们。由此看来，台骀是汾水、洮河的神仙。可是这两神不危害君王的身体。山河的神灵，有水旱灾害时祭祀它；日月星辰的神，在雪霜风雨不合时令时祭祀它。至于君王的疾病，是饮食哀乐女色造成的。”平公和叔向说：“好，真是博学多才的君子。”因此对子产厚礼相待。

二十七年（公元前539年）夏天，郑简公朝拜晋国。冬天，畏惧楚灵王强大，又朝拜楚国，子产随从。二十八年（公元前538年），简公病重，派子产会合诸侯，与楚灵王在申会盟，杀了齐国的庆封。

三十六年（公元前530年），郑简公去世，儿子定公宁继位。秋天，定公朝拜晋昭公。

定公元年（公元前529年），楚国的公子弃疾杀了楚灵王自立为君，这就是楚平王。楚王想在诸侯中施行德政，把灵王所侵占的郑国的土地还给郑国。

---

① 金天氏：传说中的古代帝王少昊。

四年（公元前526年），晋昭公去世，晋国六卿强大，公室卑微。子产对韩宣子说："处理政事必须按德来行事，不要忘了统治建立的基础。"

六年（公元前524年），郑国发生火灾。定公想用祭祀消灾。子产说："不如施行德政。"【143】

八年（公元前522年），楚国太子建来投奔。十年（公元前520年），太子建与晋国策划袭击郑国。郑国杀了太子建，太子建的儿子胜逃到吴国。

十一年（公元前519年），定公去晋国，晋与郑策划，处死了周的乱臣，送周敬王回周都。

十三年（公元前517年），定公去世，儿子献公虿（chài）继位。献公十三年（公元前501年）去世，儿子声公胜继位。在这时，晋国六卿强大，侵略夺取郑国的土地，郑国因而衰弱。

声公五年（公元前 496 年），郑国相国子产去世，郑国人都哭泣，悲哀到像失去了亲人、朋友一样。子产是郑成公的小儿子，为人仁慈，爱护百姓，侍奉君主忠厚。孔子曾经访问郑国，与子产像兄弟一样。听到子产去世，孔子哭泣说："他是古代遗留在世间的仁爱之人啊！"

八年（公元前 493 年），晋国范氏、中行氏反叛晋国，晋向郑国告急，郑国援救他们。晋国攻打郑国，在铁打败了郑军。十四年（公元前 487 年），宋景公灭曹国。二十年（公元前 481 年），齐国田常杀了齐简公，田常在齐做相国。二十二年（公元前 479 年），楚惠王灭了陈国。孔子去世。三十六年（公元前 464 年），晋国智伯攻打郑国，夺取了九座邑。

三十七年（公元前 463 年），声公去世，儿子哀公易继位。哀公八年（公元前 455 年），郑国人杀了哀公，拥立声公的弟弟丑，这就是郑共公。

共公三年（公元前 452 年），三晋消灭了智伯。三十一年（公元前 424 年），共公去世，儿子幽公已继位。幽公元年（公元前 423 年），韩武子攻打郑国，杀死了幽公。郑国人立幽公的弟弟骀，这就是郑繻公。

繻公十五年（公元前 408 年），韩景侯攻打郑国，夺取了雍丘，郑国修筑京的城墙。【144】十六年（公元前 407 年），郑国攻打韩国，在负黍打败了韩国的军队。二十年（公元前 403 年），韩、赵、魏列为诸侯。二十三年（公元前 400 年），郑国包围了韩国的阳翟。二十五年（公元前 398 年），郑君杀了相国子阳。二十七年（公元前 396 年），子阳的党羽杀

【144】

了缧公，立幽公的弟弟乙为君，这就是郑君乙。

郑君乙继位两年，郑国负黍反叛，归附韩国。十一年（公元前 385 年），韩国讨伐郑国，夺取了阳城。二十一年（公元前 375 年），韩哀侯灭了郑国，吞并了郑国。

太史公说：俗话说，“因为权势利益结合的人，权势利益尽了以后，交情就疏远了”。甫瑕就是这样。甫瑕虽然劫杀了郑子，接回了郑厉公，厉公最终还是背弃盟约并诛杀了他，这和晋国的里克有什么区别？恪守臣子的义务，像荀息那样自己死了却不能保全奚齐。变故的产生，也有很多原因啊！